U0689843

新时代高校"三全育人"
理论与实践研究

李云峰 著

中国纺织出版社有限公司

内 容 提 要

在"三全育人"理念的指导下，高校如何进行全面改革，构建全员参与、全过程、全方位的育人格局已成为教育领域重要的研究课题。本书以新时代高校"三全育人"理论与实践为研究主题，在分析了"三全育人"相关理论的基础上，对新时代高校"三全育人"的构建机制与实践路径进行了深入研究。

本书结构完整、逻辑清晰、内容全面，理论与实践结合紧密，对高校教育管理者、教师及教育研究者都具有一定的参考价值。

图书在版编目（CIP）数据

新时代高校"三全育人"理论与实践研究 / 李云峰著 . -- 北京 : 中国纺织出版社有限公司，2023.9
ISBN 978-7-5229-1049-9

Ⅰ . ①新… Ⅱ . ①李… Ⅲ . ①高等学校－思想政治教育－研究－中国 Ⅳ . ① G641

中国国家版本馆 CIP 数据核字（2023）第 185621 号

责任编辑：赵晓红　　责任校对：高　涵　　责任印制：储志伟

中国纺织出版社有限公司出版发行
地址：北京市朝阳区百子湾东里 A407 号楼　邮政编码：100124
销售电话：010—67004422　传真：010—87155801
http://www.c-textilep.com
中国纺织出版社天猫旗舰店
官方微博 http://weibo.com/2119887771
北京虎彩文化传播有限公司印刷　各地新华书店经销
2023 年 9 月第 1 版第 1 次印刷
开本：710×1000　1/16　印张：16.75
字数：218 千字　定价：99.90 元

前　言

　　高校的根本任务在于立德树人。人才的培养是培养人与培养才相结合的过程，其中，育人的基础就在于立德。因此，高校必须将建设思想政治工作体系作为优质人才培养体系的基础和主干，坚持全员、全程、全方位的育人方式，并确保思想价值观引导在教育和教学全过程及各个环节中得到体现。

　　本书共分为六章，其中第一章主要论述了"三全育人"的内涵与基本特征，并在此基础上分析了"三全育人"的目标、原则、现实意义与价值追求。第二章重点阐述了"三全育人"的理论基础，包括人的本质理论、系统论与协同论、人的全面发展理论等，这些理论都是"三全育人"教育理念的重要支撑。第三章从领导机制建设、协同机制建设和保障机制建设三个方面，研究了新时代高校"三全育人""三位一体"的运行机制。第四章对新时代高校"三全育人"实施要素进行了重点分析，探讨了"三全育人"的环境、内容与方法。第五章深入剖析了新时代高校"三全育人"实践探索，探讨了如何在教育实践中融入"三全育人"的教育理念。第六章论述了新时代高校"三全育人"理念的实施路径，以进一步实现高水平人才培养质量的目标。

由于笔者水平有限，文中疏漏在所难免，敬请广大读者、同人批评指正。

李云峰

2023 年 7 月

目 录

第一章　"三全育人"概述

为进一步深化教育教学改革，中共中央、国务院《关于加强和改进新形势下高校思想政治工作的意见》提出，坚持全员、全程、全方位育人（以下简称"三全育人"）的核心理念。这一理念深深植根于人文主义的教育传统中，强调育人为本的教育观，以立德树人为教育的首要任务。"三全育人"不仅是一个教育理念，更是一种全新的育人思想，是教育教学改革的行动纲领，旨在构建一个目标明确、体制机制创新、人才培养思维转变、可实施操作的完整育人思想体系。

第一节　"三全育人"的内涵与基本特征

"三全育人"在培养学生各方面素质上具有显著优势，本节将详细阐释"三全育人"的内涵，并说明其核心特征和独特之处。通过对"三全育人"的深入剖析，高校教育者能更好地理解其实质，从而有效地将其应用于实际教育环境中，助力学生的全面发展。

一、"三全育人"的内涵

"三全育人"即全员育人、全程育人、全方位育人。"三全育人"不仅是对当前育人项目、载体、资源进行深度整合，更是深层次地对未来育人模式、体系、标准进行重新构建。"三全育人"体现了高等教育立德树人的内在要求，顺应了人才培养的发展趋势，契合了高校思想政治工作的发展规律 ❶。

"三全育人"理念符合新时代优秀人才培养的发展需求，它是新时期高等教育改革的必然方向，反映了高等教育机构在强化思想政治教育工作、执行立德树人根本使命方面的内在诉求。

"三全育人"的内涵主要包括三个维度：主体上的全员育人、时间上的全程育人和空间上的全方位育人。

（一）全员育人

全员育人，主要体现在学校内部和学校外部两个方面。

1. 学校内部

从学校内部来看，全员育人理念强调的是所有学校成员，包括教师、行政人员、辅导员和其他学生服务人员，都应参与学生的教育过程（见图 1-1）。

图1-1　学校内部的"全员育人"

---

❶ 杨晓慧.高等教育"三全育人"：理论意蕴、现实难题与实践路径 [J].中国高等教育，2018（18）：4-8.

教师是学校内部最直接、最重要的教育实施者，是育人的主要力量。他们不仅需要传授专业知识，还需要关注学生的全面发展，包括学生的情感、态度、价值观等。他们的角色远远超越了简单的知识传递者，而是发展为引导者、促进者，和学生共同学习者等多重角色的集合。首先，教师是学生专业知识的传授者，他们不仅要深入了解并掌握自己的教学科目，还要能够有效地将这些知识传授给学生。因此，教师应具备一定的教学技巧和方法，能够激发学生的学习兴趣，引导他们理解和掌握知识。其次，教师是学生全面发展的关注者，他们不仅要关注学生的学业成绩，更要关注学生的全面发展，如道德素养、情感健康、社会技能等。再次，教师需要理解学生的需求和困扰，并提供相应的支持和帮助，帮助他们解决学习和生活中的问题，在学习方面引导学生养成良好的学习习惯，培养学生的自主学习能力，如教会学生如何设定学习目标、规划学习时间、使用有效的学习方法等。最后，教师需要鼓励学生反思自己的学习过程，不断调整和优化自己的学习策略。除此之外，教师需要培养学生的创新精神和实践能力，鼓励他们在学习中主动探索和实践。教师要设计丰富多样的教学活动，提供实际操作和实践的机会，鼓励学生尝试新的思维方式和解决问题的方法。总的来说，教师在育人过程中起着至关重要的作用，他们的职责和角色既复杂又多样。因此，对教师的专业发展和支持是提高教育质量，实现教育目标的关键因素。

行政人员也是学校教育的重要参与者。他们主要负责创建和维护一个有利于学生学习和发展的环境，提供必要的服务和支持。例如，学校领导需要制定教育政策和发展战略，以保证教育资源的合理分配；学生事务部门需要关注学生的生活和心理健康，为学生提供咨询和指导服务；教育技术部门需要提供有效的学习工具和资源，帮助学生利用科技进行学习。行政人员的工作虽然并不直接涉及教学，但他们的决策和行动对于促进学生的学习和发展至关重要。

辅导员和其他学生服务人员在学生的个人成长和社会适应方面扮演着重要的角色，他们与学生的日常生活紧密相连，对学生的个人成长和社会适应起着独特而重要的作用。辅导员和其他学生服务人员不仅需要关注学生的个人发展，提供个性化的指导和支持，还需要组织各种活动，帮助学生发展社会交往能力，理解和承担社会责任。可以说，辅导员和其他学生服务人员是学生个人发展的关注者。辅导员和其他学生服务人员需要关注学生的个人发展，包括他们的学业、心理、社交等各个方面，他们需要了解学生的需求和困扰，为学生提供相应的帮助和支持。例如，他们可以通过开展咨询和辅导工作，帮助学生处理学习和生活中的困难和压力；通过安排个人发展计划和职业规划服务，帮助学生明确自己的发展目标和路径。

2. 学校外部

从学校外部来看，全员育人强调教育并不仅是学校教师的工作，更是全社会的共同责任，需要家庭、社区、企业和社会其他组织等各个层面的共同参与。"全员育人"不仅要求学校的教师全员参与教书育人、服务育人、管理育人、思想育人、文化育人等系统育人工作，还要求学校之外的家庭、社会成员营造良好的育人环境，共同构建多方面、多角度、多层次的育人系统。

在全员育人的理念下，学校是最主要的教育实施者，负责提供系统性的教育，培养学生的基础技能和知识。但是，学校以外的环境——包括家庭、社区、工作场所、公共空间等——同样重要。这些环境也可以为学生提供丰富的教育资源和学习经验，对个体的成长和发展能够产生较为深远的影响。

家庭是学生最早的教育环境，父母和家庭成员在学生的生活技能、价值观、社交技能等方面的教育作用是无法替代的。家庭环境，包括家庭的价值观、家长的教育方式、家庭成员之间的互动等，都对学生的成长有着极为深刻的影响。在家庭中，学生能够学会如何交流、如何解决问题、如何与他人建立联系，形成对世界的基本认知和对自我价值的理解。因此，家庭在全员育人过程中扮演着基石的角色。

社区，包括邻居、社区活动、社区服务等，也是育人的重要场所。在社区，学生有机会与不同的人交往，参与各种社区活动，获得丰富的社会经验。社区环境对学生的社会技能、道德情感、公民意识等方面的发展有着重要影响。另外，公共空间，如图书馆、博物馆等，可以提供各种非正式学习的机会，帮助学生发展他们的兴趣和技能，以及与人交往的能力。

企业和其他工作场所也是重要的教育场所。在这些场所，学生可以通过实际的工作经验学习专业技能，理解职业道德和工作责任，发展解决问题和团队合作的能力。

全员育人的理念鼓励我们构建更加开放、协作的教育环境，促使所有社会成员都能积极参与到育人过程中来，共同为培养健全、全面发展的公民做出贡献。这样的教育模式，不仅可以更好地满足学生的个性化、多元化学习需求，也有利于构建和谐、进步的社会。全员育人强调的是一个整体和全面的教育视角，要求人们认识到育人是一个涉及各个方面、各个环节、各个主体的过程。只有通过各个环节、各个主体的共同努力，我们才能实现真正的全员育人，才能培养出全面发展的人才。

（二）全程育人

从微观上分析，全程育人涉及学生从入学到毕业、就业的整个过程，包括教育的各个环节和阶段，实现了时间上的连续性，也体现了教育的系统性和连贯性。比如，全程育人要求学校对新入学的学生进行入学教育和引导，帮助他们尽快适应学校环境，理解学校的规章制度和学术规范，明确学习目标和发展方向。学校还应对即将毕业的学生进行毕业教育和职业指导，帮助他们明确职业规划，提升职业技能，顺利进行就业或升学。

全程育人要求日常的教育工作应具有针对性，它强调的是个性化和有针对性的教育。在教育过程中，教育者需要充分了解每个学生的个性特点、发展需要和潜在能力，然后根据这些因素制订和实施相应的教育计划和方法。具体体现在以下几个方面：第一，知识教育。教育者不仅需要传授专业知识，还需要关注学生对知识的理解和应用，根据学生的学习风格和能力，调整教学策略和方法。第二，技能培养。教育者需要根据学生的个人兴趣和专业需要，有针对性地培养他们的实践技能和创新能力。第三，价值引导。教育者需要引导学生形成正确的价值观，帮助他们理解社会规范和伦理道德，促进他们的道德素养和社会责任感。第四，情感关怀。教育者需要关注学生的情感需求，尤其是对困难学生的关怀和支持，以促进他们的心理健康。第五，人生规划。教育者需要引导学生进行人生规划，帮助他们明确自己的发展方向和目标，激发他们的发展动力和潜能。

从宏观上分析，全程育人强调教育的持续性和连续性，主张终身学习。人的学习和成长不应仅限于学校教育阶段，而应贯穿于人的一生。全程育人超越了传统的教育阶段划分，将教育看作一个生命长河中不断发展、成长的过程，而非仅限于早期或学校教育阶段。在全程育人视角下，教育不再仅局限于知识的传授，而是更注重培养个体的自主学习能力，即培养学生主动探求知识、不断更新知识和技能、积极解决问题、自我调整和适应社会变化的能力，使个体能够在面临新的挑战和机遇时，依然可以持续学习、持续成长。同时，全程育人关注个体在生活的各个阶段和各个领域中的学习和成长。这意味着教育不仅在学校中进行，也在家庭、社区、工作场所等多元化的环境中进行。这种宏观的、全面的教育视野有助于个体从不同的角度和层面理解世界，形成更全面、更深入的知识体系和世界观。

（三）全方位育人

全方位育人强调对学生进行全面发展的教育，不仅要注重学生的学科知识学习，也要注重他们德、智、体、美、劳的全面发展，以及情感、态度和价值观的培养。此外，全方位育人还要关注学生创新精神和实践能力的培养，鼓励学生在学习中主动探索和实践。全方位育人是空间上的延展，旨在整合利用所有可能的教育资源（包括课内课外、校内校外资源），通过空间的全覆盖，形成多内容、多角度、多层次的立体化综合式教育系统，实现从平面教育到立体教育的转变。这意味着教育不仅发生在课堂上，也发生在课外活动中；不仅发生在学校里，也发生在家庭和社区中；不仅涉及学术知识，也涉及道德价值、生活技能、社会责任等多方面的内容。这样的教育方式有助于实现从单一的、线性的教育模式转变为多元化、立体化的教育模式，更能适应当今复杂多变的社会环境，也更有利于促进学生的全面发展。

二、"三全育人"的基本特征

"三全育人"的基本特征主要包括系统性、连续性和开放性（见图1-2）。

图1-2 "三全育人"的基本特征

（一）系统性

"三全育人"的系统性特征较为明显，在这一理念中，所有组成部分都以促进学生全面发展为中心，这些元素彼此交融、相互增强，使得整体效应大于各部分的简单叠加。为了建构"三全育人"的理论框架和操作机制，教育者需要综合理解和应用各种教育资源，以满足立德树人的现实要求，从而形成具有独特含义和特性的教育体系。在"三全育人"的范畴内，没有孤立存在的因素，每个部分都与其他部分有着紧密的联系，而且各自有着自己的侧重点。全员育人关注所有教育参与者的全面参与，全方位育人聚焦于优化和扩展教育空间的全覆盖，全程育人则着眼于实现教育时间的全程覆盖。这些元素并非孤立行动，而是在体系内以协同的方式行动，以推动整个系统向前发展。

"三全育人"的系统性首先表现在教育者对教育的理解和实践中。它并非简单地将教育分割成独立的部分，而是强调教育的各个元素、过程和结果之间的相互联系与影响。在"三全育人"的观念中，教育不再是孤立的，而是一个整体，它涉及所有与学生发展相关的要素，并将这些要素融合在一个统一的框架中。系统性意味着教育者需要对教育的全貌有一个全面而深刻的理解。教育者需要考虑教育的各种要素，包括教育目标、教育内容、教学方法、评价方式、教育环境等，以及这些要素之间的相互关系。这些要素相互作用，形成了教育的内在动力，推动学生的全面发展。

系统性还意味着教育者需要用一种整体的方式来实施教育。教育者不能只关注教育的某一部分而忽视了教育的其他部分。教育者应该把教育的各个要素整合在一起，形成一个高效运行的系统，共同促进学生的发展。在构建"三全育人"管理机制时，教育者必须考虑各组成部分之间的差异性，以便采取有针对性的措施弥补短板，同时发挥各自的优势。

（二）连续性

"三全育人"的连续性特性是其理念的核心特征，主要体现在时间、空间和内容等方面。从时间角度来看，"三全育人"强调了教育的全程性，也就是教育应从学生入学的那一刻开始，贯穿其在校期间，甚至延续到学生毕业之后的生活和职业生涯中，形成一种时间上的连续体验。这样的连续性不仅在于时间的延伸，更在于学习过程的连贯性和一致性，每个阶段的学习都在为下一阶段的学习铺平道路，形成教育的时间连续性。从空间角度来看，"三全育人"理念中的连续性体现在教育空间的连续覆盖，包括学校内部的各个角落，以及学校之外的家庭、社区、公共空间等场所，这些都是教育的重要场所。通过将这些教育空间串联起来，形成一个连续、无缝的教育空间网络，有助于增强教育的空间连续性。从内容角度来看，"三全育人"强调教育内容的持续性和连贯性。教育不应只关注知识的传授，而应注重学生的全面发展，包括情感、价值观、社会技能等各个方面。这些内容应随着社会的变化和学生的成长需求进行适时的调整和更新，形成一种动态、连续的发展模式。

（三）开放性

"三全育人"理念具有一定的开放性，旨在构建一个开放、包容、共享、多元的教育生态系统。具体来看，"三全育人"的开放性包括学习者的开放性、教育者的开放性、社会环境的开放性和教育内容的开放性。

1.学习者的开放性

"三全育人"鼓励学习者开放思想，不断探索和接纳新的知识、新的技能、新的人文经验。这种开放性体现在学习者对知识的热爱、对世界的好奇、对生活的热情，以及对人生的深度理解和自我反思。学习者不仅需要积极地接受新的知识和技能，也需要有意识地对自我进行反思和提升，发展出一种批判性和创新性的思维方式。在日新月异的现代社会，信息的更新速度极快，学习者需要有足够的开放性去接纳这些新的信息，不断拓宽自己的知识领域和丰富自己的生活经验。这不仅要求学习者具有强烈的学习动机和探索欲望，更需要他们具有独立思考和批判性思维的能力，以便在大量的信息中找出真理，把握事物的本质。

2. 教育者的开放性

"三全育人"倡导教育者开放心态，接纳不同的学习者，适应不断变化的教育环境，创新教育理念和方法。在信息化、全球化的今天，教育面临着前所未有的挑战和机遇。教育者应具备前瞻性和创新性，能根据社会发展的需求，不断更新和优化教育理念和教育方法，以提高教育的质量和效率。这就要求教育者有持续学习和自我提升的意识，以开放的心态接纳新的教育理论和实践，努力寻求教育的改革和突破。另外，在"三全育人"理念下，教育不再是学校的专利，而是全社会的共同责任。教育者应具备协同合作的能力，能有效地整合校内外的教育资源，建立起多元的教育平台，以丰富教育的内容和形式，提高教育的广度和深度。

3. 社会环境的开放性

"三全育人"的开放性还体现在社会环境上。在开放的社会环境中，各种教育资源不再局限于学校或特定机构，而是通过网络和社区等多种途径对公众开放。公共图书馆、社区活动中心、在线教育平台、企业和行业机构等都成了重要的教育资源提供者。这种教育资源的广泛开放和分享，大大拓宽了教育的领域和内容，为个体提供了更丰富、更个性化的学习选择。

开放的社会环境为个体提供了丰富的实践场景和经历，如志愿服务、社会实践、企业实习等，这些都可以成为个体学习和成长的重要机会。这些经验对于学习者来说是宝贵的，它们有助于学习者在实践中运用和深化所学知识，提高问题解决能力和社会技能，同时能增强学习者的社会责任感和公民素养。在开放的社会环境中，个体的学习和发展得到更广泛的可能，教育的意义和价值得到更深层次的实现。

4. 教育内容的开放性

"三全育人"强调教育内容应不断更新，以反映社会变化、科技进步、文化多元等。这种开放性体现在课程设置的灵活性，教育资源的丰富性，以及教育活动的多样性。

开放性的教育内容意味着教育不再局限于传统的课本知识，而是包括了更加广泛的领域，如生活技能、情感教育、社会责任等多元的内容，这些都是学习者全面发展的重要组成部分。在此背景下，教育者需要开阔视野，整合各种资源，提供富有创意和多样化的教育内容，让学习者可以在多元的知识领域中选择和发展。

每个学习者都有自己独特的学习需求和兴趣，开放性的教育内容能为他们提供更多的选择空间，使他们可以根据自己的兴趣和目标进行深入的学习。这就需要教育者具备高度的敏感性和创新性，能够发现和引导学习者的个性化需求，设计和提供符合他们需要的教育内容。另外，随着科技的发展和社会的变革，教育内容需要持续更新和改革，以适应社会发展的需求。这就要求教育者具备前瞻性和开放性的视野，能够在时代变革中领悟和把握教育的新要求，及时地将新的知识和技术引入教育实践，使教育内容保持与时俱进的活力。

第二节 "三全育人"的目标与现实意义

"三全育人"的根本宗旨是育人，为实现这一育人目标，高校需要采取一种基于全面创新的综合改革措施，对育人工作的理念、内容、方法、载体等进行全方位的改革，以此形成全员、全程、全方位的育人模式，最终构筑一种整合性的育人体系。

一、"三全育人"的目标

"三全育人"的目标包括总体目标、综合改革目标以及一体化育人体系目标三大部分。

（一）总体目标

育人是"三全育人"理念的核心。在推进"三全育人"工作过程中，高校必须恪守新时代党的教育方针，以育人为工作中心。在新时代，高校要深入贯彻习近平新时代中国特色社会主义思想，始终坚定社会主义的办学方向，以理想信念教育为核心，以提高立德树人的效率为主要任务。同时，高校教育需要服务于人民，服务于中国共产党，服务于国家，服务于巩固和发展中国特色社会主义制度，服务于改革开放和社会主义现代化建设。高校应将教育根植在中国大地上，与生产劳动和社会实践相结合，加快推进教育现代化，建设教育强国，打造人民满意的教育。简言之，高校需要解决"培养什么样的人、如何培养人、为谁培养人"这一基本问题。

每个国家的教育都应符合其政治需求。作为由中国共产党领导的社会主义国家，我们的教育必须以培养社会主义建设者和接班人为首要目标，培养一批又一批支持中国共产党领导和我国社会主义制度的有用人才，并且他们愿意为中国特色社会主义奋斗一生。也就是说，推动高校进行"三全育人"的工作，首先要从政治的高度认识教育的主要问题，牢牢把握社会主义教育的根本任务和目标。

把握育人这一核心任务，决定了高校工作的战略定位。青少年处于成长和发展的关键时期，他们需要被精心引导和培养，高校应帮助他们在形成和确定自己价值观的关键时期扣好人生的第一粒扣子。青少年是国家的未来、民族的希望，他们的价值观决定了未来社会的价值取向，因此高校更需要引导他们坚守社会主义核心价值观。习近平总书记强调，一个国家、一个民族不能没有灵魂。在青少年阶段进行有效的育人工作，就是为国家和民族的未来塑造不可或缺的灵魂。从某种程度上看，这是一项战略工程。高校进行立德树人、育人工作，不仅关乎青少年个人的成长，也关乎国家、民族的未来，从更长远的角度看，这更关乎中国特色社会主义道路的坚持和发展，关乎中华民族的永恒伟业。我国的高等教育必须全面贯彻新时代党的教育方针，更加坚定自觉地承担起培养德、智、体、美、劳全面发展的社会主义建设者和接班人的重大任务，始终把高等教育的发展方向与国家发展的现实目标和未来方向紧密联系在一起。

（二）综合改革目标

"三全育人"综合改革的主要目标是在习近平新时代中国特色社会主义思想的指导下，强化和提升党对高校的领导地位，始终以立德树人为基本任务，充分利用中国特色社会主义教育的育人优势。高校要以理想信念教育为核心，以社会主义核心价值观为引领，以全面提升培养人才的能力为关键目标。高校要切实提高工作的亲和力和针对性，强化基础工作，建立规范体系，突出重要问题，落实责任机制。高校应致力构建一套内容完善、运行科学、标准完备、保障有力、效果显著的高校思想政治工作体系，确保思想政治工作体系贯穿教学体系、学科体系、管理体系和教材体系，以形成全员、全程、全方位的育人格局。

"立德树人"是综合改革的首要任务和根本目标，强调在教育过程中将德育放在首位，致力于培养学生的道德品质，让他们形成健全的人格。一般来看，"立德树人"主要包括以下几点内容：第一，道德素养的培养。立德树人强调对学生的道德素养进行系统的教育和引导，包括公民道德、职业道德、家庭道德等。培养学生尊重法纪、诚实守信、关爱他人、服务社会等基本的道德品质和公民素养，使其形成正确认识，积极的态度和适应社会的行为习惯。第二，人格的塑造。立德树人涉及对学生人格的全面塑造，包括良好的道德品质、健全的人格结构、稳定的情绪状态等。这需要教育者在日常生活、学习中，通过各种活动和实践，引导学生形成正确的世界观、人生观、价值观。第三，全面发展。立德树人并不意味着忽视其他方面的发展。相反，它强调在知识技能的学习、体育健康的培养、艺术修养的提高等方面和德育相结合，实现学生全面发展。第四，师生关系的改变。立德树人意味着教师不仅是知识的传递者，也是德育的实践者和引导者。他们要以身作则，展示高尚的道德品质，通过互动和交流，影响和引导学生的行为和态度。紧紧围绕"立德树人"的基本任务，实施"三全育人"的基本需求，涉及学校工作的各个领域，这无疑是一个系统化的工程。为了实施这一系统工程，高校必须坚持以问题为导向，从政策导向、资源配置和体制机制优化等方面深化改革，力求创新，将立德树人的任务贯穿高校的各项工作中。

"三全育人"本质上是系统性的综合改革，改革既是驱动力，也是推动工作的途径和工具。教育改革首先意味着在育人工作的理念、内容、方法和媒介上进行创新。高校的教育工作必须随事、随时、随势做出变化。推进高校"三全育人"工作，也需要依据新时代的新形势和新需求开展，注重改革和创新。高校需要遵循教育工作的规律、教育人才的规律和学生成长的规律，不断深化对新时代高校育人工作的理解，优化内容供应，改进工作方法，创新工作载体，不断提高工作能力和水平。

改革通常涉及政策、机制和体制的调整和优化。高校需要根据"三全育人"的总体需求,系统整理高校相关的政策、机制和体制,发现其中的弱点和空白,实质性地进行优化,努力实现政策的落实、机制的有效运行和体制的完善,有效推动育人资源的整合和育人工作的集中。这样的改革应促成一系列新的育人工作规范、规则、标准和模式的形成,如全员本科导师制度、科研诚信制度和学术规范、思政课程和课程思政质量标准、师德师风建设长效机制、管理服务岗位工作规范、育人工作激励机制、群体改革创新模式等。在这里,教育评价改革问题是关键。教育评价改革之所以是关键,是因为它代表了育人工作的导向。这样的改革才有利于确立明确的育人导向,才能保证"三全育人"工作的全面推进和实施效果。

"三全育人"的综合改革应该最终呈现为一系列制度化的成果,这将成为中国特色现代大学制度建设的重要组成部分。鉴于新时代高等教育发展的战略需求,国家正在积极推动世界一流大学和一流学科的建设。"双一流"建设不仅象征着大学教学质量和学科建设水平的持续提升,也意味着具有中国特色的现代大学制度逐步趋于成熟和完善。换言之,"双一流"建设的过程不仅是大学或学科朝世界一流水平进步的过程,也是完善并建立具有中国特色的现代大学制度的过程。在这一背景下,"三全育人"综合改革既能有效地展示"双一流"建设在人才培养方面的成效,也能为构建具有中国特色的现代大学制度提供重要的制度化成果。因为推进全员育人、全程育人和全方位育人的"三全育人"机制建设,有助于促进吸引一流学生、汇聚一流师资、建设一流学科、培育一流人才的形成,这是高校推进"三全育人"综合改革的核心要义。

(三)一体化育人体系目标

"三全育人"的体系目标是统筹育人资源,构建一体化育人体系。高校应通过优化体制、机制和政策,以及将各项工作标准、规范和制度的改革成果实施在实际工作中，推动形成人才培养体系的整合、协调和融合。高校育人工作的效果与人才培养体系的完善程度紧密相连。推动高校的"三全育人"工作，构建综合育人体系，是实现高等教育内涵式发展的关键步骤。

1. 德、智、体、美、劳全面发展的教育培养体系

一体化育人体系应该重视对学生德、智、体、美、劳的全方位培养。其中，德育应该被视为首要目标，并贯穿学生的学习生活和学校各项工作中。为了实现学生的全面发展，育人体系应当集中力量整合知识传授、能力训练、价值引导和人格塑造等教育目标，将知识、能力、情感态度和价值观的目标有机整合在一起，并在目标体系中强调培养学生"有理想、有本领、有担当"的重要地位，以德育为主，实现各个育人领域的交互融合。

促进学生全面发展的教育培养体系应该是课内课外、校内校外、线上线下各个方面育人资源和要素的综合。高校要通过全员协同工作、全程融合以及全方位整合，充分发挥"十大"育人体系的功能和作用，以此形成育人的整体力量和效应。这一育人体系还应该是一个由体制机制、平台项目和组织保障等方面系统设计、全面推动的工作体系。高校要通过以综合改革为引领，明确工作目标和方向，加强组织领导，创新工作平台，实施重点项目，建立强大的队伍，强化条件保障，落实工作责任，形成全要素、多维度的一体化推动的工作格局。

2. 全员、全程、全方位师德培养体系

一体化的育人体系应该包括全员、全程、全方位的师德培养体系。在推进高校"三全育人"工作中，教师的角色至关重要。教师教书育人的过程，也是接受教育、提升自我修养的过程，这更是教师实践、磨炼、传承高尚师德，以德建立个人品格、学术理念、教学方法以及育人

理念的过程。要想做好"三全育人"工作，首先需要实现"三全"师德的养成。因此，高校必须高度重视并加强教师的思想政治教育，将提高教师的思想政治素养和职业道德放在首位，将社会主义核心价值观贯穿在教师教书育人的全过程中。突出全员、全程、全方位的师德养成，强化理论武装，完善师德规范，提高教师的师德修养、理论素质、个人风采，从而提升教师的育人意识、育人水平、育人能力、育人效果，建立一支政治坚定、思维开阔、情感深厚、人格正直、视野广阔、自律严谨的教师队伍和教育工作者队伍，真正将"三全"师德养成与"三全育人"融为一体。在教育实施过程中，师德可以被理解为教师的道德觉悟，它能根据需求转变为教师在职业活动中展示的道德品性和道德行为。同时，师德作为职业道德的规范约束和行为准则，可以指导高校教师的日常行为，激励他们选择符合道德规范和职业要求的行为。具体来看，全员、全程、全方位师德培养体系的目标主要包括以下内容（见图1-3）。

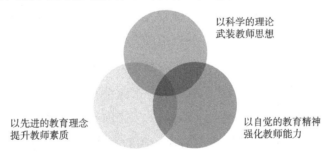

图1-3　全员、全程、全方位师德培养体系的目标

（1）以科学的理论武装教师思想

以习近平新时代中国特色社会主义思想为指导，帮助教师坚定中国特色社会主义的共同理想，培养教师正确的世界观、人生观以及价值观。高校必须将爱国主义、集体主义和社会主义作为道德教育的核心，教育广大教师坚守正确的利益原则，努力实现国家、集体和个人利益的有机融合。高校要将师德建设渗透到教师工作的各个环节，协助教师提高对道德现象的辨析能力，引导教师做出正确的道德行为。

（2）以先进的教育理念提升教师素质

高等教育在本质上是一项培育人的社会活动，它需要高质量的教师、优良的教学环境和学生个人的积极参与。学生的发展是无法被他人替代的，发展的主动权应该在学生手中，教育者不能代替学生，强迫、限定或限制学生的发展。高校教师需要树立前沿的教育理念，如"尊重的教育"理念，充分激发学生个体的主观能动性，鼓励学生积极参与学习和社会实践活动，以使学生的潜能得到充分发展。师德教育需要高校教师以培养全体学生为重点，着眼于学生在德、智、体、美等各方面全面发展，牢固树立"德育为核心，以培养学生的创新精神和实践能力为重点"的素质教育观念，给予学生关爱，尊重学生，并对他们提出严格要求。

（3）以自觉的教育精神强化教师能力

教书育人是每位教师应当遵守的重要师德原则，是他们对社会、对学生的神圣职业义务。然而，教书育人是一种特别的教育劳动，它是一种深入学生内心、形式多样、外界难以直接监督的自觉性劳动，是一种极其细致且复杂的艰巨任务。要将教书育人转化为教师的内心需求和自觉行为，在很大程度上依赖于教师的师德觉悟和思想境界。加强师德建设，就是要引导教师对社会主义祖国的未来前途充满深深的关切，站在培养新一代、承接历史使命的前沿。我们需要引导教师关心学生的前途，对学生的一生负责，以社会主义新思想、新道德、新观念教育青年一代。特别需要充分发挥教师在课堂教育中的主导作用和模范示范作用，将德育工作融入教育教学的全过程。

3.高水平的高校思想教育工作体系

从本质上看，一体化育人体系就是更高水平的高校思想教育体系。习近平总书记强调，人才培养体系涵盖学科体系、教学体系、教材体系、管理体系等多个方面，而贯穿其中的纽带便是思想教育体系。加强党的领导和党的建设，强化思想教育体系的构建，是实现高水平人才培养体系的关键环节。推进高校的"三全育人"工作，就是以立德树人为核心任务，将思想教育工作融入教育教学全过程，就是要打造更加完善的高校思想教育工作领导体制和更加协调高效的思想教育工作运行体系。

二、"三全育人"的现实意义

"三全育人"这一理念既是对育人工作认识的进一步深化，也是对新时代如何有效开展育人工作的方法论思考，彰显了对育人主体关注、过程管理和目标导向的有机结合❶。"全员育人、全程育人、全方位育人"的实施是一个深入探索和创新的过程，这一理念的应用不仅能最大化地发挥学校、家庭和社会在教导、管理和服务过程中的育人作用，更有助于学生的全面发展和全方位素质的提升。高校的"三全育人"工作是一项具有独创性和创新性的工作体系，在贯彻立德树人的教育细节中，只有将社会主义核心价值观有效地融入其中，高校才能使教育理念在高等教育课程中扎根，使其蓬勃发展。这也是全面建设创新型社会主义接班人的关键要素。"三全育人"不仅体现了立德树人的内在需求，适应了人才培养的发展潮流，还与思想教育工作的发展原则相契合，对努力塑造包括德、智、体、美、劳在内的全方位人才培养体系，打造更高水平的人才培养模式有着重要意义。进一步加强党对教育工作的全面领导，整合家庭、学校、政府以及社会的育人力量，统筹协调各方面育人职责，对高校教育的发展具有深远的影响力。

（一）"三全育人"是实现立德树人宗旨的根本要求

国家的繁荣昌盛与青年的成长息息相关，国家的强盛离不开青年的

---

❶ 王艳平.高校"三全育人"的特征及其实施路径 [J].思想理论教育，2019（9）：103–106.

力量。身为国家未来的主人翁，大学生肩负着实现中华民族伟大复兴的重任和使命。因此，高校在为学生成长和成才提供多元支持时，必须深入理解并实施"全员育人、全程育人、全方位育人"的理念，不仅要关注知识的传授，更要重视对学生人格的塑造和道德的培养。高校必须意识到，培养学生的综合素质和能力，塑造他们的价值观和世界观具有同样重要的地位。

立德树人体现了高等教育的核心价值。教育的根本任务是塑造人的全面发展，这无论在古代还是在现代，无论在东方还是在西方，都是被公认的。立德树人进一步凸显了德育在人的全面发展中所占据的关键地位，并强调在新时代下，对高校学生进行道德教育是首要的任务。立德树人阐明了道德成长与人的全面发展之间的辩证关系，突出了道德修养是保障人全面发展的基石，这体现了我们党对教育规律的深入理解。在成长的过程中，大学生需要学习如何成为一个有道德、有素质的人，需要学习并传承中华民族的传统美德，推广并发扬社会主义新风尚，热爱生活、感恩他人、待人以善、尊重礼义、秉持诚信，大学生要以此为标杆，争做学习和实践社会主义核心价值观的模范。

"全员育人、全程育人、全方位育人"的理念强调了德育的首要、基础和先行地位。在育人的整个过程中，高校需要将注意力放在全员覆盖、全方位关注上，并在整个过程中坚持不懈，这体现了高校思想教育工作的思想性、科学性和全面性之间的内在一致性和有机结合，强调的是一个系统化的观念。实现立德树人的根本使命，就是要将其作为教育工作的主线和中心，融入思想道德教育、文化知识教育和社会实践教育的各个环节，贯穿基础教育、职业教育和高等教育的各个领域，确保在时间、空间、人员和内容上没有遗漏。高校围绕这一目标设计学科体系、教学体系、教材体系和管理体系，教师围绕这一目标教学，学生围绕这一目标学习，这样才能集中精力，取得实际效果，为高校人才培养构建更高层次、更科学的制度保障。

高校在落实"全员育人、全程育人、全方位育人"的理念时，应紧密围绕"应该培养什么样的人""如何培养人"和"为谁培养人"这三个教育的核心问题开展，整合并协调各项教育工作和育人元素，通过全员、全程、全方位育人，调动所有育人资源，开发所有校内外资源，为学生打造一个全面、立体的育人环境，形成一个培养素质的"大熔炉"，让在校大学生随时随地都能获取自身发展所需的资源，从而实现个体的全面发展。学校应充分利用学生品德形成的可控性，有效组织学生的活动和交往，并对各种环境给予学生的影响进行选择和调节，利用其积极因素，控制其消极因素 ❶。"全员育人、全程育人、全方位育人"的目标是将学生培养成拥有正确的世界观、人生观和价值观，具有扎实的专业技能和较高的科学文化艺术素养的高素质人才，这与"立德树人"的任务要求高度一致。因此，"三全育人"为高校实现立德树人的根本任务提供了有效的实践路径。

（二）"三全育人"是高校教育改革的必然要求

随着国家对培育技术熟练型人才和高质量劳动者的需求增加，"三全育人"的培养模式恰好适应了新形势下高等教育人才培养模式改革的需求。这种模式有利于各大高校加速转型步伐，提升人才培养的质量，为实现中华民族伟大复兴的中国梦提供坚实的人才保障和有力支撑。通过这种培养方式，高校可以更好地传授给学生必要的技能和知识，使他们能够适应快速发展的社会环境，并在未来的生活和工作中发挥重要作用。

"三全育人"之所以是高校教育改革的必然要求，主要是因为以下几点：第一，适应社会发展的需要。社会发展的速度不断加快，对人才的需求也在不断升级，不仅需要具有专业技能的人才，也需要全面素质

---

❶ 段佳丽，曾葵芬.新时期高校学生工作科学发展的理念与实践 [M].北京：光明日报出版社，2017：335.

的人才。"三全育人"能够全员、全程、全方位地对学生进行培养，使他们具备专业技能的同时，也具备良好的人文素养、创新思维和社会责任感。第二，提升教育质量。传统的教育模式侧重于知识传授，而"三全育人"更注重学生的全面发展，以学生为中心，注重个性化和差异化教育，可以更好地激发学生的主动性和创新性，从而提升教育质量。第三，整合教育资源。"三全育人"不仅包括校内教育，还包括家庭教育、社会教育等校外教育，可以更好地整合各方教育资源，发挥社会整体的教育作用。对此，高校应该将教育的焦点从传授知识转向培养全面发展的人才，以学生为中心，注重学生的主动性和创新性。高校还要提升教师的教育理念和教育能力，使他们能够利用信息技术等现代教育手段，打破时间和空间的限制，实施全员、全程、全方位的教育。

（三）"三全育人"是大学生成长成才的时代要求

现代大学生具有新的时代特征和个性特质。他们在接触信息和获取知识的方式上，已经不再仅限于书籍和课堂，而是扩展到微信、微博等各种新媒体平台，这使传统的教师角色和其权威地位面临着前所未有的挑战。因此，学校不能再被视为学生获取知识的唯一场所。此外，社会多元化的进程深深地影响着学生，特别是他们的价值观和生活态度。对于一部分大学生而言，他们的自我管理能力和自控能力相对较弱，心理承受力也不够强，很容易出现思想困扰和心理问题。因此，"三全育人"的教育理念显得尤为重要。这种理念能够帮助高校更全面、更细致地关注学生的成长，对学生的思想引导、生活指导、能力培养等方面进行更深入的工作，为学生的全面发展提供更为有力的保障。不仅如此，它还可以帮助学生建立起正确的人生观、世界观和价值观，使他们更好地适应社会发展的需要，成为全面发展的人才。

（四）"三全育人"是高校转型发展的客观要求

在现代社会，我国高校越来越重视教育质量的提升和教学内涵的深化。育人作为大学的核心任务，特别是德育，这是一项复杂而深远的系统性工程，不能仅依赖学校单一的力量。因此，"三全育人"的教育理念应运而生，它强调需要动员和整合包括学校、社会、家庭以及学生在内的所有教育相关方的力量，形成一个强大的德育合力。这样，高校不仅能确保学生在知识和技能上的全面发展，更能在价值观、思想品德和人生态度上对学生进行深入的培养，使其成为具有全面素质和高道德品质的社会主义建设者和接班人，更好地适应我国高等教育发展的新需求和新挑战。

"三全育人"的理念，是我们党和国家从新时代的角度，为了培育社会主义的建设者和接班人，对高等教育提出的重大课题。这一理念，不仅反映了党和国家对教育的本质以及教育规则的深刻理解，也是对"培养什么人""如何培养人""为谁培养人"这一根本问题的有力诠释。"三全育人"明确展示了高等教育培养道德和培养人才的内在要求，它遵循人才培养的发展趋势，与高校思想教育工作的发展规律紧密相连，是我国新时代党和国家对高等教育进行立德树人、凝聚人心、培养人才的具体指引和实践路径。

第三节　"三全育人"的原则与价值追求

本节将深入探讨"三全育人"模式的基本原则，并从个人层面和社会层面两个视角具体分析"三全育人"的价值追求。这些原则和价值追求不仅是"三全育人"模式的核心特征，也是高校实施这一模式的基本要求。

一、"三全育人"的原则

"三全育人"的原则主要包括方向性原则、求实性原则、民主性原则、教书与育人相结合原则、教育与自我教育原则（见图1-4）。

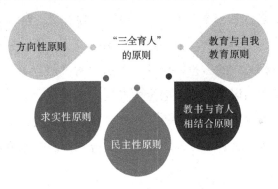

图1-4 "三全育人"的原则

（一）方向性原则

方向性原则强调"三全育人"工作应当紧紧围绕社会主义核心价值观，引导学生树立正确的世界观、人生观和价值观，为社会主义建设输送高素质的人才。这不仅是个人价值观的塑造，更是对国家和社会发展方向的深入理解与坚定信仰。方向性原则突出了教育工作的价值导向，它主张在教育实践中不断灌输和强化社会主义核心价值观，使其深入学生的心灵，成为学生行为的内在规范。而且这一原则强调要引导学生明确人生目标，明确成长方向，激励他们以社会主义核心价值观为指导，不断奋进，追求卓越。

在教育实践中，方向性原则要求教育工作者具备高度的政治敏锐性和判断力，要及时把握教育政策和社会主义核心价值观的动态，以便把这些理论知识和实践经验融入教育教学中，使之成为学生思想观念和行为习惯的一部分。同时，方向性原则强调了教育工作的主动性和创新性。教育工作者应以开放的心态，关注新时代的特点，不断创新教育理

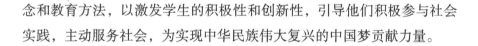

念和教育方法，以激发学生的积极性和创新性，引导他们积极参与社会实践，主动服务社会，为实现中华民族伟大复兴的中国梦贡献力量。

（二）求实性原则

"三全育人"主张教育工作应以事实为依据，以实际情况为导向，确保教育方法和内容的科学性、适用性，避免空谈理论，注重实际效果。

求实性原则要求高校必须把握时代的脉搏，了解学生的真实需求。教师必须关注学生的个性差异，尊重他们的个性发展，使他们能在自我实现的过程中获得全面发展。教师不能以传统的、机械的方式去对待学生，而应以创新的、科学的方法去培养他们。求实性原则强调以事实为依据，注重理论联系实际。教师必须把握教育规律，以科学的态度对待教育工作。教师要把理论学习与实践结合起来，使学生在实践中学习，在学习中实践，从而提高他们的实际操作能力和问题解决能力。

求实性原则提倡实事求是的工作态度，注重结果的检验和反馈。教师不能只关注过程而忽视结果，也不能只满足于结果而忽视过程。教师要以实际效果为评价标准，以事实为依据，以实效为导向，确保"三全育人"工作的科学性和实效性。此外，求实性原则倡导开放的学习环境，注重实践的教育方式。教师必须提供丰富多样的学习资源和实践机会，让学生在真实的环境中学习，在实践中得到提升。

（三）民主性原则

"三全育人"要求教师要尊重学生的人格尊严，尊重他们的发展需求和创新精神，倡导人人参与、人人平等的育人模式，体现教育工作的人性化和平等性。每个学生都是教育的主体，他们有权对自己的学习和成长进行选择和决定。在"三全育人"工作中，教师应该充当指导者和帮助者的角色，鼓励学生主动参与、自我管理、自我发展。教师应该给予所有学生平等的教育机会，公正的评价机制，避免因性别、种族、地域、经济状况等原因产生的歧视和不公。同时，教师需要关注那些在学习和生活中处于困境的学生，提供必要的帮助和支持。

民主性原则强调教育的参与性和共享性，教师应该鼓励学生、家长、社会等各方面共同参与教育的过程，共享教育的成果。教师需要建立一个开放的、协作的、共享的教育环境，让每个学生都能在互动和合作中得到提升。此外，民主性原则倡导包容和理解。教师要尊重每个学生的个性和差异，理解他们的需求和想法，接纳他们的建议和意见。在"三全育人"工作中，我们要建立一个和谐、温馨、包容的教育环境，让每个学生都能在其中找到归属感。

（四）教书与育人相结合原则

"三全育人"主张将知识传授与品格培育紧密结合，以实现学生全面发展的目标。这一原则突出了教育的双重职责，即传递知识、技能和思想道德教育的一体化。

教书是教育的基础，是提升学生知识水平，拓宽视野，激发创新思维的关键。在知识的教授中，教师不仅要注重知识的广度和深度，还要强调其内在的逻辑关系，培养学生的思维能力和学习能力。教师应该努力引导学生理解知识的实际应用和社会价值，让他们在掌握知识的同时，对知识产生深入的思考和理解。

育人是教育的核心，是培养学生健全人格，提高道德素质，培养社会责任感的关键。在育人的过程中，教师要注重学生的心理健康，引导学生建立正确的人生观、价值观和世界观。同时，教师应该注重培养学生的社会实践能力和团队协作能力，以提高他们的社会适应能力。

教书与育人相结合原则要求教育工作既要注重学生的知识技能提升，也要关注他们的道德素质和人格成长。只有通过这种相互补充、相互促进的方式，才能实现"三全育人"的目标，真正培养出具有全面素质和能力的人才。

（五）教育与自我教育原则

教育与自我教育原则强调教育不仅要教会学生知识和技能，还要教会学生如何自我教育、自我成长。

学生是教育的主体，他们需要在教师的引导下，积极接受知识和技能的传授，主动参与到学习中，发挥主观能动性，进行自我教育和自我成长。在这个过程中，学生应具有良好的学习方法和学习习惯，具备独立思考和解决问题的能力，这样才能更好地适应社会的发展和变化。

教育与自我教育原则注重培养学生的自学能力和终身学习的习惯。在知识信息化、更新速度加快的今天，单纯依赖教师的教授，学生很难获取全面和深入的知识，更难以适应未来社会的发展需要。因此，教师应通过灵活多样的教学方法，培养学生的自主学习能力，激发他们的学习兴趣和学习激情，使他们能够在学习中享受到乐趣，愿意主动去寻求新知，养成终身学习的习惯。

教育与自我教育原则还强调引导学生树立正确的人生观、价值观和世界观，通过自我教育，实现品格的提升和精神的升华。教育工作者应引导学生从中华优秀传统文化、社会主义核心价值观中汲取营养，树立正确的生活态度和价值取向，实现自我完善，更好地服务社会。

二、"三全育人"的价值追求

从个人角度看，高校"三全育人"的价值追求始终与个人的精神发展紧密相连，其核心目标在于塑造学生人格，培养学生品德，推动学生个体的社会化进程，并满足人的自由且全面的发展。从社会角度看，高校的"三全育人"为新时代的深层次改革提供服务，其主旨是提高高校思想教育的水平，推动高校教育走向内涵式的发展，同时维护社会秩序并推动其不断向前发展。

（一）个人层面

任何形式、任何事业的发展都离不开"人"这一因素，人的发展决定着社会发展的水平。因此，将人的发展确立为高校"三全育人"价值追求的逻辑起点，既是社会进步的现实要求，也是思想教育发展的基本准则。

1. 塑造学生人格，培养学生品德

教育是一个复杂且持久的过程，是引导个体理解世界、掌握事物规律，并探寻真理的实践活动。但这一过程并不能只以知识积累为出发点，或仅将个体发展的目标定位于知识的掌握。历史上，伟大的人物往往不仅因其超凡的才智，而更因其高尚的品德而被世人称颂。德行与智行往往是相伴相生、互相影响的。

良好的品质和道德水平不仅为个体行为提供了保障，更丰富和充实了个体的精神世界。同样，个体的道德水平对于社会的发展具有重要的影响。如果一个民族或一个国家的大多数成员具有高尚的道德品质，那么社会矛盾和问题将得以缓解，人们的生活也会更加和谐。因此，对个体的德行培育实际上就是实现"立德树人"的教育目标和"三全育人"的价值追求。

"立德树人"是我国传统教育思想的核心理念。其中，"立德"和"树人"二者相互作为条件，构成了辩证统一的关系。在这一理念中，"立德"是前提，"树人"是目的。此外，"立德树人"是评判高校教育工作质量和成效的根本标准。它不仅要求学生具备一定的道德知识，形成一定的道德情感，承担一定的道德责任，更需要他们理解和掌握社会主义道德的核心内容，能够做出正确的道德判断，坚定社会主义道德信仰，并形成高尚的道德行为。因此，高校不仅要关注学生的知识掌握，更要注重他们的道德品质，引导他们在日常生活和学习过程中追求美好

的道德理念，让他们理解和接受道德的重要性。只有这样，学生才能够在社会中成为具有高尚道德品质，能够对社会有所贡献的人。

2. 推动学生个体的社会化进程

个体的社会化可以被视为人类发展的初始阶段，这指的是个体在持续的学习和交流过程中，通过知识和技能的积累与应用，逐渐适应社会环境并被社会接纳，从而从原始的自然人转变为社会人的过程。从个体的角度看，社会化是生存和发展的基本需求。只有在与其他人和社会群体的互动过程中，形成了"自我—他我"的关系复合体，个体才能成为适应社会建设的独立存在。从社会的视角看，如果没有那些具备与社会发展相适应的知识、能力和素质的个体参与到社会活动当中，社会就不能形成其该有的形态，也无法保持正常的运行。当个体的自我期望与社会期待逐渐接近时，个体的社会化程度便达到了一种理想状态，这时个体与社会的和谐关系可以最大限度地推动彼此的发展和进步。

实际上，每个个体在成长过程中都可能出现与主流价值观或道德规范相反甚至相违背的想法和行为。思想教育作为推动个体社会化的关键工具和基础路径，是根据社会发展需求引导学生个体在不断的纠正和自我教育中实现个体的成长，推动学生个体接近社会并融入社会。通常，思想教育推动学生个体社会化的作用主要体现在思想教育活动中，对学生个体的思想和精神产生影响，促使学生个体形成与社会发展相一致的价值观、道德素质、思维方式和行为规范，从而使其成为具有一定社会特征的社会人。作为提升高校思想教育工作质量的建设策略，"三全育人"的主旨与思想教育具有内在的一致性和整体性。因此，推动学生个体的社会化也是高校"三全育人"的重要职责和价值追求。

3. 满足人的自由且全面的发展

马克思认为，人的自由且全面的发展应是共产主义社会形态的永久议题和崇高理想，并指出"个人的自由发展是所有人的自由发展的前提"，这与我党我国在社会主义革命、改革和建设过程中将人民的幸福作为首要任务是一致的。思想政治教育，是一种源于人的精神生产的实践活动，是个体的存在方式和活动方式，在实现人自由且全面发展的过程中起着决定性的作用。高校"三全育人"理念，作为新时代思想政治教育的新观念和新策略，专注于实现每个内部个体的自我价值，旨在满足人的自由且全面的发展，符合人本主义的现代思想政治教育的发展趋势。

人的自由且全面的发展应涵盖以下两方面的内容：

其一，人的自由且全面的发展是科学的、和谐的、可持续的。自由，代表现代社会生活的理想状态和最高价值。马克思认为，"自由"是人类个体生活实践的应有状态，是主体自我的充分展示，表现为一定的支配外部现实和内在自我的能力。简单来说，自由的发展指的是个体在正确理解外部世界（自然界和社会）的基础上，能够有目的性和理性地支配物和自我的能力。在马克思看来，全面发展包括身心的全面发展、人的需求的全面满足、人的能力的全面发展、人与自然的和谐统一，覆盖了人与自然、人与社会、人与人以及自我之间的所有方面。

其二，人的自由且全面的发展并不是片面或过分强调个体的主观意愿，而是体现了人的发展与社会发展、物质发展和精神发展、个体外部价值和内在需求的辩证统一。人的发展是实现社会发展的基础，只有个体不断进步和变化，社会才能持续前进。反过来，社会的发展是实现个体发展的基本保障，社会为个体的成长提供环境，外部条件的改善必然有助于个体的全面和科学发展。同时，人的自由且全面的发展是在人类掌握客观真理、认识自我的过程中逐步实现的，是一个长期目标和终极理想。只看到当前无法实现，而否定人的自由且全面发展的合理性和科学性，是没有理解到人的发展与社会发展之间规律性的偏颇认识。

（二）社会层面

为进一步推进中国特色社会主义建设，高校迫切需要进行教育现代化改革。在这一背景下，高校实施的"三全育人"工作必须充分发挥其社会效应和建设性作用，充分体现思想教育的重要性。归根结底，高校的"三全育人"工作最终也是为推动中国特色社会主义建设而服务的，推动整个社会的发展与进步是"三全育人"的根本价值追求（见图1-5）。

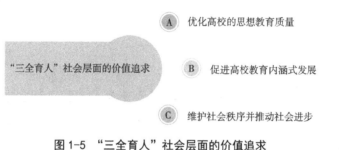

图1-5 "三全育人"社会层面的价值追求

1. 优化高校的思想教育质量

优化高校的思想教育质量是提升学生全面素质的必要条件。高校是培养国家未来栋梁之材的重要阵地，思想教育的质量直接关系着学生是否能成为担当民族复兴大任的有用之才。一个优质的思想政治教育体系，可以帮助学生形成正确的世界观、人生观和价值观，从而在社会上更好地实现自我价值，服务社会和国家。除此之外，优化高校的思想教育质量还有助于凝聚社会主义共同价值观。在全球化背景下，各种思想文化交融碰撞，容易产生思想观念的混乱和分裂。高质量的思想教育工作可以帮助学生深入理解和接受社会主义核心价值观，对凝聚社会主义共同价值观，实现全社会的共识具有极为重要的作用。

为提升思想教育工作的质量，高校应从以下几个方面入手：第一，高校应当深化课程改革，将思想政治教育融入所有课程中，形成全员、全程、全方位的教育模式。例如,在专业课程中,教师可以将社会主义核心价值观与专业知识相结合,使学生在学习专业知识的同时,能感受到社会主义核心价值观的魅力和力量。第二,高校应加强师资队伍建设,提升教师的政治理论素养和教学能力。只有具备高素质的教师队伍,才能实现高质量的思想政治教育。第三,高校应开展丰富多样的实践活动,提高思想政治教育的实效性。实践是检验真理的唯一标准,只有让学生在实践中真正理解和接受社会主义核心价值观,才能真正实现优化思想教育工作高质量发展的目标。

2. 促进高校教育内涵式发展

"三全育人"的价值追求还表现为促进高校教育内涵式发展,它强调高校要注重学校文化建设、人才培养质量和教育工作水平。内涵式发展要求高校改变传统的发展理念,建立科学的质量观,把人才培养视为首要任务,高度关注并持续发掘教职人员的创新能力。高校应该将特色和质量作为获取竞争优势的关键,培养目标要与国家的发展战略和社会经济进步的需求紧密结合,为社会提供更多的原动力,借助学科的交叉和融合来提升发展品质,并形成良性循环的产学研合作机制。针对人才的质量和发展,传统的人才培养模式已经难以满足社会对人才新的需求。因此,高校内涵式建设的焦点应该放在深化人才培养制度的改革上,明确人才培养的目标,合理地构建专业体系,优化教学课程及内容,积极地探索新的教学方法,强化教学和科研之间的联系,全方位地提升学生的能力。高校需要改变依赖显性指标来显示实力和提升影响力的传统观念,而应该将重心放在软文化的构建上,找准自身的发展定位,制订周全的发展计划,积极地弘扬大学精神,推动校园文化的繁荣,引导学风建设,充分发挥软文化的作用,以此激发各教育要素的活力。

高校的内涵式发展要全面提升人才培养、科技创新、社会服务等各方面的特色和质量水平。内涵式发展的理念是反对同质化，改变"大而全"的取向，鼓励各类高校发展自身的特色，高校应基于优良传统、独特优势，同时结合发展潜力，个性化办学，改变"千校一面"的状况，实现其特色化发展目标。高校要通过开发学科和专业的优势与特色逐步形成学校的核心品牌，推进内涵式发展的进程。

3. 维护社会秩序并推动社会进步

教育从不是一个孤立的过程，而是与社会经济、政治和文化的发展紧密相连、互动的。教育对社会的影响并非瞬时发生，而是有其延续性和渐进性，这是由于人才培养的周期需要一定的时间。作为一种重要的社会人才培养活动，思想政治教育的发展程度直接关系着社会建设的质量和水平。同理，"三全育人"作为一个全新的思想政治工作和高等教育内涵式发展的理念和模式，也服务于时代的发展、社会的建设和国家的进步。从根本上讲，"三全育人"能在何种程度上满足社会发展的需求，不仅是其存在合理性和社会价值的体现，更是整个社会的价值追求。

"三全育人"的最高价值追求在于维护社会秩序的稳定、推动社会建设的发展，主要通过培养全面发展的社会主义合格建设者和接班人，以及培养能承担民族复兴重任的新一代人实现。从政治建设的角度看，"三全育人"的重要价值在于培养具有强烈社会主义政治意识和主人翁意识的接班人，鼓励年轻人坚定共产主义信念，积极参与到国家的建设中，成为合格的社会主义建设者。因此，高校要引导年轻学生在复杂的意识形态斗争中保持清醒的头脑，能够区别并接受先进思想，摒弃消极思想。从经济建设的角度看，社会发展的基本动力在于生产力的发展，而生产力的发展又与人的发展密切相连。换言之，劳动者的素质在一定程度上决定了经济发展的质量和水平。"三全育人"的理念坚持以人为中心，为社会主义建设输送具有高水平的科学文化知识和劳动技能、思想道德素质和职业道德的综合性人才，积极地激发他们在社会建设中的积极性和责任感。从文化建设的角度看，"三全育人"承担着高校教育的重要职责，在传承和推广传统文化方面发挥着不可忽视的积极作用。在进行思想政治教育的过程中，教师不仅要引导学生批判地继承传统文化，还要引导学生传播和推广优秀文化，以创新的态度对文化进行创造性的转化，使优秀的传统文化得以重新焕发活力。

第二章　"三全育人"的理论基础

"三全育人"的德育模式之所以能够随着时代的脚步不断前行，是因为其扎根于深厚而丰富的理论土壤中。这种模式融合了多元理论的智慧精髓，并将其与实际相结合，因此具有持久而强大的活力。如同一颗种子，仰仗深厚的土壤和恒定的阳光雨露，才能茁壮成长并开花结果。同样，"三全育人"模式依托坚实的理论基础，又通过实践与现实的反馈不断完善和发展，因而显得生机盎然，具有强大的生命力。

第一节　人的本质理论

人的本质理论是研究人的内在属性和潜能的学科，它对我们理解教育的目的，尤其是"三全育人"模式的实质具有深远的影响。本节通过分析马克思、费尔巴哈、舍勒三人关于人的本质理论，发现马克思主义关于人的本质理论强调实践在人类社会活动中的重要作用，它是高校实施"三全育人"的基本理论基础。

一、马克思的人的本质理论

人的本质理论是马克思主义人学的一个基本观点。在马克思主义的人的本质理论中，人的本质被定义为一种社会性的、具有自我创新能力的存在。马克思认为，人的本质不是孤立的、固定的抽象概念，而是在社会历史过程中形成和发展的。他认为，人的本质是在劳动过程中，与自然界和社会关系的互动中逐渐形成的。人的本质是社会性的，因为人生活在社会中，并受到社会环境的影响。人的本质也是自我创新的，因为人能够通过劳动和学习来改变自己和周围的世界。无论个人在主观上怎样超脱各种关系，他在社会意义上总是这些关系的产物❶。

为了全面理解马克思主义的人的本质理论，我们需要考虑以下几个关键因素。

（一）人的本质是多方面社会关系的综合体现

人的本质是多方面社会关系的综合体现，这意味着，构成人的本质的社会关系不仅局限于一种，而是包含经济、政治和文化的各个维度，涵盖了人与自然、人与人之间的关系。在阶级社会中，这些社会关系主要表现为阶级关系。人在这些社会关系背景下，形成了具有多样性的社会性，即人性，因此人性也是具体且多样的。在所有的社会关系中，起决定作用的是经济关系，即生产关系。人在生产关系中形成的社会性构成了人性的基础。因此，要全面理解人的本质和人性，就必须把人放在以生产关系为基础的社会关系中去考察。

（二）人的本质是自然属性与社会属性的统一

马克思认为，人既是自然世界的一部分，也是社会构造的产物，人的每一种行为、每一种举动都是作为社会成员所进行的，这就是社会行动。马克思的人的本质理论，便是从人的自然特性与社会特性的辩证统一关系进行论述的。

人的自然属性是指人作为自然存在的一部分所具有的一种基本特征，这些特征与人的生物属性有关，并在一定程度上决定了人的基本行

---

❶ 马克思，恩格斯. 马克思恩格斯全集：第 23 卷 [M]. 中共中央马克思恩格斯列宁斯大林著作编译局，译. 北京：人民出版社，1972：12.

为方式和生活习性。每个人都是生物学意义上的生命实体，遵循生物学规律，拥有生物的基本特征，如生长、繁殖、新陈代谢等。这种生命存在的形式体现了人的自然属性。同时，人拥有一些自然属性，如生理需要、本能欲望等，这是人与其他生物共同拥有的特点。人的生物属性决定了人的生存需求和生理结构，包括对食物、水、空气、光照、温度等环境因素的需求，以及对身体健康、生育、繁衍等生命活动的需求。这些都是作为生物的人不可或缺的生存条件。人的自然属性决定了人的行为在很大程度上受到本能的驱使，如寻找食物、避免危险、选择伴侣、保护后代等。这种本能对人的生存和繁衍起着关键作用。

然而，人的存在并非仅限于自然属性，还拥有复杂的社会属性。人的社会属性是指人作为社会存在的一部分所具有的特质。它是由人的社会关系、社会环境和社会经验决定的。与其他生物不同，人类生活在社会中，是社会的创造者和参与者。社会属性主要体现在人类的社会行为和社会关系中，如语言、文化、思维、制度、道德、法律等，这些都是人的社会属性。人的社会属性不仅决定了人类社会的形态，也决定了人的行为和人格发展。

毫无疑问，我们进行生产活动所依赖的资源，包括用于表达和沟通的语言工具，本质上都是社会构造的产物。这就意味着，人类的存在本质上是一种社会活动的体现。换言之，人类并非孤立存在，而是生活在社会的各种互动和交流中。这些活动和互动不仅定义了人类的个体生活，也塑造了人类作为社会成员的身份。在这个过程中，人类学习并接受了语言这种重要的社会交流工具，它不仅连接了个体和其他人，也使人类个体得以理解和参与到更广阔的社会和文化环境中。因此，人类的存在和行动无法脱离社会环境来考虑，人类的生活方式、思维模式和行为都是深深地根植于社会活动之中。

进一步说，人的社会属性具体体现在与人类社会生活密切相关的各种社会需求中，如对于劳动、交流、成就追求、知识探索、文化学习以及道德行为的需求。这些需求是后天习得的，并具有社会性含义；同时，它们会受社会环境、文化观念的影响，以及个人在不同社会关系中的位置变化，因而具有明显的个体差异和显著的变化性。虽然社会性需求的未满足不会直接威胁到生命，但会引发痛苦、忧虑等负面情绪，影响个人的身心健康、智力发展以及工作效率。

人的自然属性是人的社会属性的物质基础。如果没有人体和大脑这样的自然生命实体，没有吃、喝、生存等基本的生理需求，劳动、社会关系以及各种社会性需求就无法存在。然而，人的自然属性又是受社会属性影响和限制的，可以被理解为一种社会化的自然属性。人的本质是自然属性与社会属性的统一。

（三）人的本质是在社会实践活动中形成的

人的本质并非天生就有的属性，而是在社会实践活动中逐渐形成和发展的。人的社会属性是通过劳动在动物群体行为的基础上逐渐发展出来的。劳动不仅引发了工具的制作，社会关系的形成，还催生了语言的产生。劳动的社会性从根本上决定了人的社会性。马克思重要的观点之一就是，人的本质是劳动。在生产劳动中，人们与自然和社会建立起了联系，个人劳动的目标总是与社会需求相关联。

马克思曾经指出，吃、喝等虽然也是人的基本功能，但是，如果这些功能被剥离出人的其他活动，并被视为最终且唯一的目标，那么在这种抽象的情况下，它们就变成了动物的功能。个人劳动能力的发展水平受到了当时社会历史条件的限制，与社会的生产、科技和教育发展水平密切相关。人的社会性是通过个体与社会的连接，通过集体逐步形成和发展的。人们在劳动中的互助合作是从动物共同协作的无意识生物本能的群体行为中发展出来的。人类的社会实践活动是从早期人类的群体活动中演变过来的。因此，对人的本质的理解、评估或改造都离不开社会实践，尤其是劳动实践。马克思主义的观点是，人是一个理性与感性相结合的活动实体，也就是说，人是实践的存在。这种实践是人的独特生存方式。正是在实践活动的过程中，人才能将自己与自然界区别开，认识到自我，形成主体意识，并创造出所有的人性特征。因此，从本质上讲，人是一种实践的、主动的、充满创造力的客观存在。

二、费尔巴哈关于人的本质论述

德国哲学家费尔巴哈（Ludwig Andreas Feuerbach）的哲学观念的核心在于揭示"真实的、完全的人的存在"。他主张，只有深入探讨"人的全面本质"或"完整的本质"，才能真正理解"具体的人"。根据费尔巴哈的观点，人是一个"多元"存在，人的本质是一系列区别于动物的特性的总和，这些特性是所有人共享的，包括自然属性、社会属性和精神属性，这三个方面融合在一起构成了人的完整的本质。

人是自然的人。这一观点具有两层深远的含义：一是人的本质是由他们所处的自然环境决定的；二是人的本质是在人与自然的相互关系中塑造出来的。前一层含义突出了人作为自然世界产物的角色，后一层含义强调了人并不能与自然界直接等同，人在自然环境中具有独立和主动的地位。

人是社会的人。人类最显著的特性就是彼此的需要、依赖和交往。一个与世隔绝的人并不能完全展现人的本质，因为人的本质嵌入社会集体之中，体现在人与人之间的互动和统一之中。纯粹的自然属性仅是人的"原始本质"，一旦剥离了人际关系，人的本质便是"毫无内容的虚构"。

人是理性的人。区分人类和动物的最重要特性便是人类具有"真正意义上的意识"，即理性。这种理性不仅使人类能够感知和意识到自我，还能把自身所属的"类"作为"对象"，认识到自己是"类"的一部分。这意味着，人类能够有意识地过一种"类"的生活。这种有意识的"类"生活把人类与动物区分开来。理性、意志、心灵，构成了人的核心本质。

可见，在对人的本质的理解上，费尔巴哈提出自然本质、社会本质以及精神本质三个维度共同构成了人的完整本质的概念。费尔巴哈自身强调了人的"完整本质"以及"人的整个本质"的观念。对于他的理论，我们必须从两个方面进行评估：一方面，应该肯定他从全面的角度出发去探讨人的完整本质的独特视角；另一方面，需要注意到，他的理论在一定程度上仍然受制于自然主义的局限。

费尔巴哈提出了"具体的人"和"具体的自然"这两个重要概念，他从人与自然的互动关系中寻找人的本质，这无疑是一种富有价值的思考，为我们更深层次理解人的本质提供了一种有效的途径。然而，问题在于，费尔巴哈的理解仅停留在对人与自然关系的"感性直观"层面，尽管他意识到在"自然的人"和"真正的人"之间存在某种"中介"，但他并未理解这个"中介"实质上就是人对自然的改造，即实践活动，也没有理解这种实践活动对人与自然关系乃至人的本质产生的决定性影响。

费尔巴哈的理论短板在于：他承认了人与人之间的自然关系，但却未能深入人与人之间的实践关系。人是一个有意识的类存在物，拥有自我意识是人与猿的关键区别之一。因此，从人与意识的关系进一步探索人的本质是一种无可挑剔的方式，这不仅具有科学价值，也是理解人类行为如何拥有自觉能动性的关键途径。

马克思认为，相较于"纯粹的"唯物主义者，费尔巴哈的优势在于他承认人也是"感性的对象"。然而，他把人视为"感性的对象"，而非"感性的活动者"，因为他仍停留在理论领域，没有从现存的社会关系和塑造人们现状的周围生活条件去观察人。他没有真正看到活跃在现实中的人，而是沉溺于抽象的"人"。根本上，由于费尔巴哈未理解实践是人的存在方式，也未理解人的"完整性"来源于实践活动的全面性，因此他所勾勒的"完整的人"仍显得片面，他所寻求的"现实的人"

依然带有抽象性。

三、舍勒关于人的本质论述

马克斯·舍勒（Max Scheler）是现代哲学人类学的奠基人，"完整的人"是他整个学术生涯探讨的核心主题。舍勒在阐述人的完整本质时采取了两步走的策略。他从自然的角度和精神的角度来审视人，从而建立了人的生命与精神双重本质结构，也就是以生命冲动和精神本质为特征的完整的人的观念。

舍勒主张，人首先是一个与生命维持密切关联的自然存在。在人类中存在一种"生命欲望或冲动"，这种生命冲动具有双重性质：一方面，它是一种向外界的原初动力，永远是人的"内在状态的外部表现"；另一方面，它也是一种具有自我限制性的有限冲动。然而，生命冲动是人与动物共有的，当人在生命冲动驱使下行动时，他只是一个"自然的人"，或者说，作为自然存在的人，他就是一种动物。舍勒认为，人不仅是自然存在，更关键的是他们是精神存在。舍勒的"精神"定义十分广泛，不仅包括理性，还包括情感。

在他的观念中，精神具有"纯粹的活动性"，这是一种双重的对象化活动，即人通过精神活动使周围环境变为对象，同时把自己的生理和心理状态对象化。这种双重对象化的活动使人超越他们的自然存在，让他们认识到自己不仅是人类，更是作为个体而存在，这就形成了"个人的本质"。因此，舍勒认为精神是人的基本的、决定性的特质，使人能与其他存在物区别的就是精神。然而，精神仅是一种意向性的活动和动态的倾向，它"接纳对象"，却"不成为对象"。纯粹的精神是无力的，存在物的精神化程度越高，其力量就越小。因此，无论是将人归为生命冲动，还是归为精神活动，都是对人的"未完成的描述"，都不能揭示人的完整本质，或称为完整的人。

舍勒主张，一个完整的人必须同时具备生命冲动和精神活动。人既是生命冲动的展现，也是精神活动的载体，其处于这两者的互动作用之中。因此，我们必须从生命和精神的相互补充和转换的过程中去揭示人的完整本质。根据舍勒的看法，生命作为一种盲目的冲动，内在地需要精神的引导。精神拥有其自身的"有序的活动结构"，能协调人的各种欲望和需求，引领生命跳脱有限的束缚，使其丰富多样的可能性得以实现。同时，精神作为一种"纯粹的活动"，需要实在的内容来充实。作为一种动态的倾向，精神内在地需要从生命冲动中获取原始的动力，以实现其自身的完美和永恒价值。这是一个生命向精神转化和精神向生命转化的双向过程。这个双向的过程塑造了人的生命冲动与精神活动的双重结构本质，这种双重结构让人打破了动物与环境之间封闭的关系，成为"能够无限开放于世界的存在"。

舍勒对人本质的理论体现了明显的双重特性。

其一，他通过考察生命向精神转化和精神向生命转化的双向过程，对人的本质进行了合理的探讨。真实的人必然同时包含生命冲动和精神活动，它们在人中的统一是无法分割的。如果说费尔巴哈主要从静态的角度、从人的被动性来观察人的本质，那么，舍勒则强调从动态的角度、从人的能动性来理解人的本质。这种从人的活动来探寻人的本质的方法，正是舍勒超越费尔巴哈的地方。

其二，舍勒把精神看作"高级"的存在，而将生命视为"低级"的存在。他认为精神是建立在生命之上的，同时不依赖于生命的自我意识领域，这体现了他的二元论倾向，并且表明他没有理解到精神与社会的辩证关系。舍勒认为，语言使精神的内容成为个人的财富，语言是第一性的现象，是思维的前提，也是整个认识，即潜在历史的主要手段。然而实际上，语言并不是第一性的现象。语言和意识一样，是由于人与人之间的交往的迫切需要而产生的。语言是一种实践的，既为别人存在也为自己存在的现实意识。因此，人的意识或精神是一种"社会的产物"，只要人还存在，它就仍然是这种产物。

总的来说，舍勒的理论错误并不在于他从生命和精神的双向运动中寻找人的本质，而是在于他未能找到生命和精神相互交流的真正中介，忽视了社会实践对人本质的决定性作用。因此，舍勒描绘的人的完整本质缺乏现实的基础，虽然他从完整的人出发，但最终描绘的却是片面的人。

马克思主义关于人的本质的理论是高校实施"三全育人"的基本理论基础。马克思主义关于人的本质的理论认为，人是社会关系的集合体，是一种具有社会性的动物。人的各种能力和特性都是在社会生活的实践中发展起来的，包括思维能力、语言能力、劳动能力等。"三全育人"目标就是要培养学生在思想品德、科学文化、身心健康、劳动技能等各方面的全面发展。马克思主义关于人的本质的理论强调，人的成长是一个连续不断的过程，是在一定的社会历史条件下通过不断的学习和实践来实现的。因此，"三全育人"要求高校关注学生从入学到毕业，甚至是终身教育和成长过程。此外，马克思主义关于人的本质的理论还强调，人的成长和发展不仅需要个人的努力，也需要社会的支持和帮助。而"三全育人"的基本观念便是动员全社会的力量，包括教师、家长、社会等各方面的力量，共同参与学生的教育和成长过程。总的来说，"三全育人"的理念完全符合马克思主义关于人的本质的理论，它强调人的全面发展，关注人的连续成长，动员全社会参与教育，这些都反映了马克思主义对人的全面发展和社会性的认识。

第二节 系统论与协同论

教育是一个复杂的社会现象，涉及众多元素和层面的互动和协作。因此，系统论与协同论对于理解和实践"三全育人"具有重要价值。本节将揭示系统论与协同论在高等教育中的应用及其在"三全育人"模式下的实践价值。

一、系统论理论

系统是指总体性地看待处在变化、联系、交往和互动中的各个要素。这个总体的价值应该超过单个要素总和的价值，即全体的价值大于部分的总和。系统论是在 20 世纪 40 年代末兴起的综合性科学学派，其核心理念是将待研究和处理的对象视作一个系统，通过对系统结构和功能的分析，研究系统、要素和环境之间的互动关系及其变化规律，并以系统优化的角度来审视问题。实际上，我们可以将世界上的任何事物都视作是一个系统，因为系统是普遍存在的。无论是广袤无垠的宇宙，还是微观世界的原子，抑或是一颗种子，一群蜜蜂，都可以被认为是系统。整个世界实际上就是系统的集合。系统论主张整体性、层次性、开放性、目标性、稳定性、突变性、自组织性以及相似性等都是所有系统共有的基本特性。系统论主要研究关联互动中的各个要素与整体系统之间的关系。系统并不仅等于各要素的简单叠加，它与要素在特性、功能、活动等方面既有联系又存在不同。系统理论主张强调整体的作用，表明整体是由相互关联和制约的各个要素构成的。

系统论的基本方法是将"三全育人"视为一个系统，分析其结构和功能，研究系统、要素和环境之间的相互关系和变化规律，并从系统的角度优化和解决问题。同时，系统具有与外部环境进行物质、能量、信息交换的特性和功能。开放性是系统发展的基础，也是系统稳定的条件。

系统要素之间是通过相互作用而联系在一起的，在"三全育人"的整个过程中，需要调动教育的所有要素，发挥系统的整体功能，整合各种资源共同参与并完成。"三全育人"可以看作一个整合的系统，内部各要素之间相互作用并对系统整体产生反作用力，激发系统产生最大效能，从而提高高等教育道德教育的实效性。

（一）系统论中的整体性原理

系统论的整体性原理强调系统是一个由多个元素形成的具有特殊功能的有机总体。每个作为子系统的元素在组成总体系统时，展现出独立元素所不具备的属性和功能，因而形成了新的系统规定性。因此，整体系统的属性和功能并非简单的各个元素属性和功能的累加。系统工程的目标是从系统的认识出发，设计并执行一个整体，以实现预期的结果。这强调了系统整体性的重要性，这是系统最显著、最基本的特征之一。系统成为系统的首要条件就是要具有整体性。系统论的创始人贝塔朗菲强调，当我们提及系统，我们指的是整体或统一体。他认为，任何系统都是一个有机的整体，而并非各个部分的机械组合或简单累加，系统的整体功能是单个元素在孤立状态下所没有的。

贝塔朗菲进一步引用亚里士多德的名言"整体大于部分之和"来解释系统的整体性，同时他认为系统中的每个元素都在特定位置上发挥特定作用，它们并不是孤立存在的。一旦将元素从系统整体中剥离，它将失去元素的作用。正如手在人体中是劳动器官，如果手从人体中切除，那么它将不再是劳动的器官。系统的功能依赖于元素的活动，但所有功能的源头最终来自系统内各元素的相互作用。

以社会作为一个大型系统为例，道德是社会大系统的一个子系统，对于社会这个大系统而言，道德仅是一个元素。然而，对于构成道德的各元素来说，道德本身又是一个系统。就像社会大系统一样，道德系统也是一个复杂的、开放的动态系统，是一个超自组织的全息系统。

因此，道德教育是一项系统工程，需要各方面的支持和配合，需要整合各种资源，协调各方力量共同参与，合作发挥系统的整体性功能。"三全育人"道德教育模式强调在道德教育系统内，将各元素整合，使其相互联系、相互制约、相互作用，形成道德教育合力，优化道德教育系统结构，发挥道德教育系统的整体性功能，从而实现道德教育工作效果的最大化，增强道德教育的实效性。

（二）系统论中的相关性原理

系统论中的相关性原理，是指系统的要素之间，要素与系统整体之间，系统与环境之间的普遍联系，它们相互制约、相互影响。相关性首先表现为系统各要素之间具有不可分割的联系。在系统整体中，各要素不是孤立存在，它们由系统的结构联结在一起，相互影响、相互依存，具有不可分割性。如果其中一项发生变化，就会引起其他要素也发生变化。因此，在日常生活中，我们不能只关注系统中的某个单一元素，孤立、片面地看待问题，而应具有全局观，注意事物之间的联系。只有深入理解系统的这种相互关联性，我们才能更有效地解决问题，实现预设的目标。

相关性还体现在要素与系统整体之间的关系上。在系统论中，任何一个系统元素都是作为整体的一部分存在的。这意味着，一个元素的功能、行为和特性，不仅受到自身内在因素的影响，也受到它在整体中位置和角色的影响。换言之，每个元素的性质并非固定不变，而是会随着它在系统中的位置和与其他元素的关系的改变而改变。另外，系统的整体性质也并非是各个元素性质的简单相加或叠加，而是由元素间的相互作用和整体结构决定的。这意味着，我们不能仅从元素的角度去理解系统，必须要从整体的角度去捕捉系统的全貌。这就是系统论中著名的"整体大于部分之和"的观点。要素与系统整体相互适应，如果要素改变，整体必然也会发生变化，相反，如果系统整体变化，系统要素也必然会发生变化。因此，在处理问题时，我们也应注意到系统与要素之间的相互联系，着眼于全局，具体问题具体分析。

相关性原理在系统与环境的关系中也有显著的体现。系统并不是在真空中独立存在的，而是处于一个特定的环境中，与其周围环境保持着动态的相互作用。这种相互作用不仅影响着系统自身的稳定性、效率和生存能力，而且决定着系统的发展趋势和演变过程。例如，在生态系统中，每个生物种群都需要从环境中获取必要的资源，同时会对环境产生影响，形成一个复杂的生态网络。在这个过程中，任何一个生物种群或环境因素的变化都可能引发整个系统的变化。这种相互依赖和相互影响的关系，正是系统与环境之间的相关性。

（三）系统论中的动态性原理

由于系统具有自组织性，它对于环境的作用不是被动地接受，而是通过内部活动来调整内部组织，以协调与环境的关系，因此，系统不可能保持静态，而是处于动态之中。这就形成了系统论的动态性原理。系统的稳态、平衡是相对的，而动态性是绝对的。系统在动态状态下不发生结构改变，这就是稳态、平衡。在稳态时，系统要素也是处于不断活动之中，就像分子结构未发生改变，但原子总是在一定范围内波动着的一样。

系统与环境，或者要素与系统之间的动态关系有一定的规律，即系统的参量。给系统（或要素）一定的作用，使系统的参量发生变化，就会导致一定的结果。因此掌握系统的参量就是掌握了系统变化的规律。

二、协同论理论

（一）协同与协同论

协同论是一门探索各种不同类型的系统内部子系统之间相互竞争和协作，共同推动系统整体展现新的有序状态的特定规律的理论。协同论是近几十年来得到发展并被广泛采用的一门跨学科理论，其主要的研究领域是不同事物的共享特性及其协同作用原理。

协同论的创始人哈肯（Haken）将这一理论称为"协同学"，一方面，因为其研究对象是许多子系统的联合行动，以产生大规模的结构和功能；另一方面，它是由多个不同的学科共同合作，以发现自组织系统的普遍原则。在协同学中，序参量（Order Parameter）是一个非常重要的概念，它起源于固体物理中的相变理论。序参量用来描述一个系统从混乱状态到有序状态的变化，也就是说，它是一个反映系统有序程度的参数。例如，在物理学中，当一个物质从液态变为固态时，分子的排列会由无序状态变为有序状态，这种由无序到有序的转变就是通过序参量来描述的。在液态时，序参量为零，表示分子排列的无序状态；在固态时，序参量为非零值，表示分子排列的有序状态。在协同学中，序参量的概念被广泛地引用到许多非平衡系统中，如生物系统、社会系统、经济系统等。这些系统中的序参量可能是某种宏观的统计量或者平均量，用来描述系统的整体状态或者行为模式。通过研究序参量的动力学行为，人们可以了解系统的稳定性、响应性、自组织能力等特性，以及系统可能出现的相变、突变、混沌等复杂现象。因此，序参量在协同学的理论研究和实际应用中都有着非常重要的地位。

协同论认为，协同指的是为了达成系统总体发展目标，各子系统或各部门之间的相互配合、合作和支持，形成一种良性的循环状态。它特别强调双方或多方在同一时刻具有相同的地位，不可取代的作用，以及共同的努力、相互依赖、相互配合的关系。这种学说强调系统内部各子系统或各部门之间的合作可以产生新的结构和功能。

协同论理论强调以下几个主要的特征。

1. 开放性

开放性是指系统不是一个封闭的独立实体，而是一个在特定环境中存在和发展的开放系统。它既接受环境中的输入（如信息、能量、物质等），又向环境输出结果。开放性是协同系统能够自我组织、自我调整、自我适应的关键特征。在协同论中，开放性主要体现在以下几个方面（见图 2-1）。

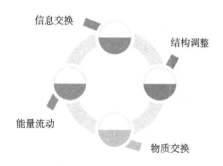

图 2-1 协同论的开放性

（1）信息交换

系统与环境之间进行信息交换和通信，这种信息交换对系统的结构和功能产生深远影响，可以导致系统的行为改变或系统的结构重新组织。

（2）能量流动

开放系统可以从环境中吸收能量，并将能量以某种形式返回到环境中。这种能量的流动可以维持系统的稳定状态，或驱动系统向新的稳定状态转变。

（3）物质交换

开放系统与环境之间进行物质的交换。例如，在生物体中，物质的吸收、消耗和排泄都是物质交换的例子。

（4）结构调整

开放系统可以根据环境的变化进行内部结构的调整。例如，企业可以根据市场的变化调整其组织结构或业务策略。

2.自主性

自主性主要体现在系统与环境的互动中有能力自我调节、自我组织，以适应环境变化和实现系统目标。系统的自主性主要体现在以下两个方面：

（1）自我调节

系统具有自我调节能力，可以对内部的状态进行监控和调整，以适应环境的变化或实现系统的目标。例如，生物系统可以通过神经系统和内分泌系统对体内环境进行监控和调节，以维持生命活动的稳定；社会系统可以通过法律、政策等手段对社会行为进行调节，以实现社会秩序的维护和社会目标的实现。

（2）自我组织

系统还具有自我组织的能力，可以通过内部要素之间的相互作用和协同，形成新的结构和模式，以适应环境的变化或实现系统的目标。例如，生态系统中的生物种群可以通过食物链和生态位的互动，形成稳定的生态结构和动态平衡；企业系统可以通过市场竞争和管理创新，形成有效的组织结构和经营模式。

3. 动态性

在协同论中，系统是动态的，而不是静止不变的。在实现系统总体目标的过程中，各个子系统或各部门之间需要相互联系，并根据系统的发展情况，及时调整和修订各个子系统或各部门的目标，以确保系统的总体目标的实现。系统的状态包括了系统的所有属性，如结构、功能、行为等。在协同论中，系统的状态是随时间变化的，即系统的状态在每个时刻都可能与前一时刻不同。这种状态变化既可以是缓慢的，也可以是突然的，取决于系统内部和外部环境的条件。

（二）协同论与"三全育人"的契合度分析

1. 开放性是"三全育人"协作系统的本质要求

根据协同学中的有序效应理论，从无序到有序状态的转变的关键是系统的开放性。作为一个全面的开放系统，高校的"三全育人"在教育参与者、教育进程和教育场域上都具备开放性的属性。首先，全员育人的参与者表现出显著的开放性。育人的参与者，包括教育活动的实施者和受教育者，当前实施教育的参与者已经从传统的思想政治课老师扩大到专业教师，从高校的学生思想政治教育部门扩展到其他行政管理服务人员，甚至扩展到家庭、公司、社区机构、民间组织等，育人的队伍已经开放且多样化；作为受教育的学生，他们的思想观念具有开放性，他们在选择和接受信息上有自主权，对思想政治教育的内容和方式有开放的自选择性。其次，全程育人在时间上呈现开放性。"三全育人"要求将育人的过程扩展到教育和学生全面成长的全程，一方面，意味着课堂教学应从思想政治课程拓展到所有学科的课程；另一方面，要将立德树人的理念贯穿于基础教育、职业教育和高等教育各个领域。最后，全方位育人在空间上体现出开放性。思想政治教育的空间包括课内与课外、线上与线下、实际与虚拟网络构成的多维开放空间，这个空间将家庭、学校、社区、政府以及网络等多个育人空间载体融合在一起，突破了传统单一育人空间的界限。高校要实现"三全育人"的目标，就需要在开放的环境中进行物质、能量和信息的交换，以此使"三全育人"系统产生协同效应。

2. 序参量是"三全育人"有序运行的关键因素

协同论理论认为，序参量对系统的发展起决定性作用，而其他虽然影响系统但并未构成决定性因素的变量被称为状态变量。在这一框架中，序参量和状态变量之间的关系是非线性的。在高校的"三全育人"系统中，序参量主要包含两个核心变量：一是育人主体在理念上都将立德树人作为各项工作的基本导向和目标；二是育人主体应遵循随着时代变迁而变化的学生的成长规律和特点。至于状态变量，包括行政力量、教育资源、行动力量、价值理念以及空间等元素在育人过程中的整合。"三全育人"系统中的序参量并非状态变量的简单叠加，而是状态变量在各子系统竞争和动态变化过程中形成的。通过对状态变量的整合和调适，育人主体中形成了价值共识，并依据学生的成长规律形成了有效的协作手段，从而推动了"全员、全程、全方位育人"形成具有创新性的

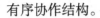

有序协作结构。

3. 自主性是"三全育人"长效机制的内在动力

协同论中的自组织原理指出，在没有外部信息和物质流动影响的条件下，系统内部的各个成员都能够协同合作，自发地形成新的有序结构，这些结构在时间、空间和功能上均有所体现。在高等教育中的"三全育人"模式中，目标是在没有外部力量干预的情况下，使众多子系统能朝向统一的人才培养目标进行行动。当各种教育实施主体在共同的育人理念的引导下，结合大学生的当前需求和特性，展开思想政治教育工作，思想政治教育的状态变量将自我调整和优化。通过系统内部各要素间的互动，内部结构得到调整，使各育人子系统间形成相对有序且稳定的育人功能结构，从而达到育人系统自我优化和自动运行，实现由无序向有序的转变，这也体现出育人系统的自主性特质。自主性是"三全育人"系统内在的生命力，它是系统达到新的平衡和稳定状态的转变机制和主要动力。

第三节　人的全面发展理论

人的全面发展理论是马克思主义的重要观点，强调人的发展不应只关注某个方面，而应是全面的。本节将深入探讨人的全面发展理论对于"三全育人"模式的启示，高校应如何促进人的全面发展。

一、马克思的人的全面发展理论

马克思的"人的全面发展"理论是他的核心思想之一，强调人的自由发展和全面发展。这种理论主张人的需要、能力和力量应被充分发展，而不应被束缚于仅满足基本的物质需要。

马克思的"人的全面发展"理论中的"全面"这一概念，实际上可以从四个维度来理解：第一，物质交换的全面性。由于个体之间发生了广泛的物质交换，即劳动已经社会化，因此人与人之间的联系不再局限于自足的小型共同体，所有的人通过物质这一媒介形成了广泛的网络。这意味着人类社会已经超越了基于自给自足的自然经济的局限，所有的人通过"物"这个媒介联结在一起。第二，社会关系的全面性。在这种广泛的物质交换的基础上，人与人之间的关系变得更为复杂和丰富，包括物质关系以及其他社会关系，如政治关系、法律关系、伦理关系和文化关系等。人与人之间这种全面和普遍的关系的发展，也可以被视为人的类特性的发展，或者说，人的社会性的发展。第三，人类需求的全面性。马克思提出了"多方面的需求"概念，是指人的需求并非只有基本的生存需要，还包括各种发展的需求，如物质需求和精神需求。第四，人类能力的全面性。马克思认为人有多方面的才能，有能力创造和享受各种价值。人不仅具有基本的生存技能，也具有社交、思考、艺术、科学等各种能力。

在这四层含义中，与高校教育关系较为紧密的理念是人类需求的全面性和人类能力的全面性。教育的目标应该是培养人们多元化的能力，帮助他们满足多元化的需求。

人的全面发展，是指人的综合能力素质的全面提高❶。在高等教育环境下，人的全面发展理念应包括人的个性的全面成长。这一成长过程主要涉及个人的自主性、独特性和创新性的全方位提升。自主性是人格发展的重要维度，它体现了个体相对于外界压力的主观能动性。人通过逐步应对和抵制来自自然和社会的压迫，逐渐实现自我主宰，只有实现了自主性，摆脱了对他人的过度依赖后，人的个性的全面发展才能真正地得以实现。

---

❶ 张越.马克思人的全面发展理论的当代教育启示 [J].时代报告，2020（12）：75-76.

人的独特性体现了每个人与众不同的特质。在与外界的交流和与他人的互动过程中，每个人逐渐形成了对"自我"的认识，并通过自我反思，明确自己在世界中的位置和价值。创新性则代表了人在创造活动中的主动性，是人的核心属性之一。如何将个人潜在的创新能力转化为实际的创新行动，如何进一步提升和优化这一能力，都是高校教育应该关注的问题。培养人的创新性不仅是素质教育的要求，也是我国德育目标的重要组成部分。

德育是实现人的全面发展的重要途径之一。现代德育以推动人的道德提升为核心，其关注点在于尊重人的主体性和个性差异，以推动主体道德发展为根本目标。人的全面发展不仅是每个人不断自我完善、自我超越的信念和追求，更是教育，包括德育应当追求的最终目标。德育的核心出发点始终是人，其终极目标则是促进人的各项能力如体力、智力等的协调发展，增强社交能力，提升社会关系的和谐程度和完善程度，塑造良好的道德品质，全面提升人的综合素质，使每个人能够实现自身的充分、自由和全面的发展。

二、人的全面发展理论与"三全育人"之间的关系

"立德树人"和"德行为先"是高等教育在人才培养中所追求的价值目标。人的全面而自由的发展需要依靠教育的推动，尤其是在高等教育这一重要阶段。因此，高等教育机构必须将全面发展作为其育人模式的核心目标，通过多角度、立体化的教育，塑造适应新时代的青年人才。

（一）人的全面发展理论是"三全育人"的理论基础

作为马克思主义理论体系的重要组成部分，马克思的人的全面发展理论为确定高校育人模式提供了坚实的理论基础。在构建"三全育人"模式时，高校必须始终致力于促进学生全面发展，特别要注重培养学生

的理论能力与实践能力、学习能力与服务社会能力。同时，高校要全方位地为学生提供理论教育、素质教育、技能教育、心理健康教育以及实践教育等。

除此之外，高校还应强调学生个性发展和主体性的发挥。因材施教的教育是现代教育理念的核心，它要求教师应根据学生个性和主体性的差异进行因材施教。人的全面发展不是让每个人都达到相同的层次和程度，而是让每个人都能实现自己的全面和自由的发展。

（二）"三全育人"是人的全面发展理论的实现路径

马克思主义强调，在消灭资本主义私有制和劳动异化后，"将教育与物质生产结合起来"，是实现人的全面发展的重要途径。高等教育肩负着培养人才和为社会做贡献的重任，高校在实践全方位育人和立德树人的过程中，应当真正重视人的全面和自由发展。人们期待高等教育能培养出身心健康、知识丰富、创新精神强、品格健全且富有人文情怀的社会型人才，他们具有丰富的理论知识，具备实践创新能力，具有服务社会的意识和心态。因此，高等教育将培养全面发展的人作为育人目标，必然会对实现人的全面发展提供强有力的支持和保障。

第三章　新时代高校"三全育人"机制建设

在新形势下,《关于加强和改进新形势下高校思想政治工作的意见》针对新时代高校关于"培养什么人""怎样培养人""为谁培养人"这三个根本问题,全面策划并系统规划了"全员、全程、全方位"的"三全育人"目标、原则、内容、要求、方法和措施。这为新时代高校"三全育人"机制建设提供了基本的指导和理论的依据。

为了保证"三全育人"目标和任务能够真正实施和落地,高校必须构建一个以领导机制为核心、协同机制为主体、保障机制为支撑的运行机制。只有构建这样一个"三位一体"的运行机制,才能为新时代高校"三全育人"提供强大的支持和保障,才能推动中国高等教育的良好发展,进一步为全面建设社会主义现代化国家提供持续的人才供给和智力支撑。因此,本章将着重从领导机制、协同机制和保障机制这三个方面,详细阐述高校"三全育人"的机制建设。

第一节　新时代高校"三全育人"领导机制建设

创建"三全育人"的工作体系是一项复杂而全面的任务,它需要整个高校的各个层级和各个部门的全力参与和协作。这项工作的涵盖面广泛，参与的单位和人员众多。在这种情况下，高校必须构建一个强大而有力的统一领导机制。这个机制需要有足够的权威，能够在整个高校内部建立统一的育人方向，协调各部门的工作，调配各项资源，推动育人工作的实施。领导机制需要有明确的权责关系，能够对全校的"三全育人"工作进行统一的领导和管理，确保每项工作都能按照既定的目标和计划进行。此外，领导机制还需要有足够的弹性，能够根据育人工作的实际进展和需要及时调整工作方向和策略，以确保育人工作的顺利推进。总的来说，一个强有力的统一领导机制，是保障高校"三全育人"工作顺利进行的关键。

一、新时代高校"三全育人"领导机制概述

在一定条件下，领导是引导和影响个人或组织，以实现特定目标的行动过程。《中国共产党普通高等学校基层组织工作条例》明确规定，高等学校实施的是"党委领导，校长负责"的制度，这在领导体系中确立了党委在高校事业发展中的核心地位，并对高校的各项工作进行统一领导。

高校的"三全育人"工作，需要构建一种由党委统一领导、党政群团协同管理、全体教职员工共同参与的领导和工作机制。在这一机制中，党委是学校"三全育人"工作的领导核心，主导学校发展的大政方针，并负责研究涉及"三全育人"工作的重大问题，制定学校"三全育人"的规划和政策，并组织、协调相关部门和单位开展"三全育人"工作。

需要强调的是，"三全育人"模式中的全员育人，并不意味着责任不分轻重、任务平均分配，也并不意味着所有教职员工的育人任务一样，而是有一种内部系统和不同的分工。它实际上是在党委领导下，全体教职员工共同协作、各尽其职的育人体系。这样的体系强调整体协同工作，通过各个部门、各个层次的通力协作，以实现全面的、高质量的

育人目标。

二、新时代高校"三全育人"领导机制建设的缘由

（一）坚持正确政治方向的要求

在新时代背景下，高校工作的核心任务是坚持并弘扬马克思主义，并坚定不移地以习近平新时代中国特色社会主义思想为指导。我们必须全面落实党的教育方针，增强"四个意识"，坚定"四个自信"，做到"两个维护"，始终坚持以学生为中心的发展思想。我们要为社会发展贡献力量，为建设中国特色世界一流大学提供智慧和方案，并使中国特色社会主义成为高校的独特标识和最强有力的底气。

高校肩负着"培养什么人，怎样培养人"的重任，履行这一责任的基本原则就是坚守正确的政治方向。在实施"三全育人"工作中，高校必须坚持正确的政治方向，以党的前沿理论和路线方针政策引领全员育人、全程育人及全方位育人，保证育人工作始终沿着正确的道路前行。为了实现这一目标，高校必须构建一个以党委为核心的统一领导机制。目前，高校普遍实行党委领导下的校长负责制，这确立了党委在"三全育人"体系中的领导核心地位。

（二）高校育人工作顺利实施的需要

高校的"三全育人"工作，就其本质而言，是一个极其庞大的系统性工程。《高校思想政治工作质量提升工程实施纲要》为高校规划了一个包括课程育人、实践育人、科研育人、文化育人、网络育人、管理育人、心理育人、服务育人、组织育人、资助育人在内的全方位育人体系。这"十大"育人体系广泛覆盖了高校的管理、教学、科研和后勤工作，涉及几乎所有的业务条线、部门和岗位。推动"三全育人"这一庞大体系的高效运行，是一项艰巨的任务，这需要高校明确每一层级、部门和岗位

的具体角色和职责，形成一个既分工明确又协同高效的工作格局。

党委具有领导核心作用，可以加强对"三全育人"工作的统一指挥和协调，激发全体参与者的热情和动力，推动各级管理和部门岗位之间形成纵横交错、各司其职的协同格局，实现"三全育人"工作的统一、高效、有序运作。这样，高校才能保证"三全育人"的实施落地、生根发芽，最终开花结果，进而提升高等教育的质量，这对为中国特色社会主义现代化事业培养更多的高素质人才，具有深远的战略意义。

（三）培养"德艺双馨"型人才的需要

培养"德艺双馨"型人才是新时代高校推行"三全育人"领导机制的重要原因之一。这一育人目标体现了高等教育的价值导向，反映了社会主义现代化建设的人才需求，也是当前教育改革的重要目标。

"德艺双馨"型人才，旨在塑造道德素养和艺术修养兼备，专业知识和技能全面的人才。"德"代表道德素养和思想品质，"艺"则指专业技能和艺术修养。在当前的社会背景下，这类人才是中国特色社会主义现代化建设的需要，也是我国高等教育体系中急需培养的人才。

为实现这一目标，新时代高校"三全育人"领导机制的建设至关重要。"三全育人"即"全员育人、全程育人、全方位育人"，这一模式强调了全体教职工的参与，强调育人工作的全过程性和全方位性，以此满足"德艺双馨"人才的培养需求。这一育人模式的实施，需要在党委的领导下，各层级、各部门和岗位全面参与，共同推进。只有通过良好的领导机制，才能确保"三全育人"工作的有效开展，培养出"德艺双馨"的社会主义建设者和接班人。

三、新时代高校"三全育人"领导机制建设的实施策略

在推行"三全育人"的实践中，高校的领导团队必须承担起主导角色，领头推进，对重要问题进行统一规划，而各级党组织及基层党组织

则负责将规划执行到底。领导者需要从上层推进党的建设，强调教师的道德建设，积极学习理论，并关注实践活动，推崇知识和行为的统一。此外，高校应严肃对待党内的政治生活，创建一个清新和谐的环境。严格的观念、态度和标准应被贯穿到学校党的建设的各个领域和具体的工作实践中。借助党的建设来推动人才的培养，为高校在新时代推动"三全育人"提供坚实的组织保证。

（一）高校党委承担主体责任

作为学校各项事业的指导者，高校党委必须把"三全育人"理念渗透到办学和治校的整个过程中，并真实承担起严格管理的主体责任（见图3-1）。结合新时代的特征，高校党委需要紧密围绕学校的实际状况以及当前大学生的价值取向和身心发展规律，明确方向、掌握大局、做出决策、保证实施，确保高校始终是坚定维护党的领导的坚固阵地。

坚定社会主义办学的方向

精准定位谋划教育事业发展

顶层设计与问题导向相结合

构建"四位一体"的责任体系

图 3-1　高校党委承担主体责任的具体要求

1. 坚定社会主义办学的方向

高校必须坚守社会主义办学的方向，这是所有工作的根本前提。在新时代背景下，高校要进一步丰富和深化党建工作的内涵，使它更具时代性和前瞻性。党建工作的核心任务应被明确为落实立德树人的根本职责，这是高校所有教育活动的核心目标。在这个过程中，习近平新时代中国特色社会主义思想应被视为灵魂和引领，高校要用这一伟大思想来教育和引导广大师生。高校要积极将这一思想融入"三全育人"的工作中，使它成为育人工作的理论支撑和行动指南。通过这样的方式，高校可以确保师生都能在习近平新时代中国特色社会主义思想的指引下，全面发展自身的思想和行为。高校还应深入研究和理解习近平新时代中国特色社会主义思想的内涵，将这一思想的精神实质和丰富内涵，系统地、全面地、准确地传递给广大师生，使他们在理论上有更深入的理解，在实践中有更明确的行动指南。

2. 精准定位谋划教育事业发展

在规划高校教育的发展过程中，高校需要以精准的定位为基础，以确保教育计划和教学决策都能符合学校的长远目标和现实需求。其中首要的是，高校必须牢固树立"以人为本"和"以生为本"的理念，始终关注并满足学生的需求，尊重和培养学生的个性和潜能。为了实现这一目标，高校需要建立科学和民主的决策机制，基于可靠的数据和信息分析教育教学的整体状况。通过这样的方式，高校可以保证整体决策的科学性，同时能确保整体决策得到广泛的认同和支持。在此基础上，高校还需要从多个方面谋划学校的发展。具体来说，高校需要依赖高质量的教育和教学，以实现学校的质量提升；需要吸引和培养一流的人才，以增强学校的实力；需要传承和发展独特的校园文化，以提升学校的吸引力；还需要塑造和提升自己的品牌形象，以提升学校的影响力。

3. 顶层设计与问题导向相结合

高校必须坚持以解决学校发展的不平衡和不充分问题为目标，强化改革创新的动力和能力，找出这些问题的根本原因并解决。

高校要对学校的制度进行顶层设计，以确保教育和管理制度能有效地支持学校的目标和策略。因此，高校应深入研究和分析学校的现状和需求，以便设计出适应学校特点和需求的制度。高校要采取精准的策略，以解决学校发展中的具体问题，如优化教学内容和方法、改进学生服务、提高教师的素质和能力、提升学校的设施和环境等。在此基础上，高校还需要不断采取有效的措施，保持敏锐的洞察力和前瞻性，强化学校的发展优势，补齐发展短板。高校"三全育人"的目标是以育人为导向，着力破解学校各个工作领域中存在的突出问题，以实现学校的全面和持续发展。

4. 构建"四位一体"的责任体系

"四位一体"的责任体系的构建离不开高校党委、各党总支、党委书记、全体党员的共同参与。在推进"三全育人"的工作中，高校党委承担着领导者的角色，需要积极理解和把握当前的社会经济发展趋势，对应新的挑战、变化和需求，科学地制定发展目标和行动方案。同时，要提前对未来做出布局和规划。

各党总支则应负责将党委的部署落实到实际工作中，在执行中发现问题，对未能落实到位的工作进行严格督查，发现问题后及时整改。

党委书记作为党建工作的第一责任人，在思想上要高度重视党建和"三全育人"工作，充分意识到自己的责任。党委书记应当采取务实的态度，亲自部署重大工作，关注重大问题和重要环节，优质高效地执行并落实党建工作和"三全育人"工作。

全体党员是党建和"三全育人"工作的执行者，要积极落实党的教育方针，推动学校的全面发展。

（二）党支部发挥引领作用

在"三全育人"的实施过程中，党支部作为党的基层组织，肩负着至关重要的任务。他们需要以"七个有力"为准则，加强对党员的教育、管理和监督，对师生的组织、宣传、凝聚和服务，不断探索有效的路径以提升基层党支部的组织能力和战斗力。

各党总支需要明确各党支部在党建和"三全育人"工作中的责任，并制定相关的责任制度，确保党组织的领导作用得到发挥，并形成一级抓一级、层层抓落实的责任链条。

这样的责任制度能让所有党支部书记都感受到承担主体责任的压力。另外，在建立规范化党组织的基础上，深化挖掘和培育具有示范性的党总支和党支部是非常必要的。我们应该精心创建一批工作有载体、有特色、有成效的红旗党支部，在省内外产生一定的影响力和知名度。这些党支部可以作为"三全育人"工作的标杆，进一步推动其他高校"三全育人"工作的落实和发展。

（三）党支部书记发挥先锋模范作用

党支部书记作为党建工作的主导者，承担着引领教师党员教书育人的重任。他们的核心职责是激发党员的榜样力量，鼓励他们在育人工作中坚定信心，战胜困难，成为理论和实践的积极实践者。他们的言行，将激发教师和学生们积极投身教育教学的改革工作中，推动高质量人才的培养。

作为党的基层组织领导者，党支部书记不仅要展示自身的优秀品质和专业技能，同时要引导和激励党员教师们积极参与教育教学活动，投身于提升教育教学质量的事业中去。他们在日常工作中通过自己的实际行动和表率力量，影响并带动广大师生，以实现教育教学改革的目标，不断培养出更多的高质量人才，从而推动学校教育事业的发展。

在"三全育人"工作的实施中，党支部书记必须紧紧把握以下"五个坚持"（见图3-2）。

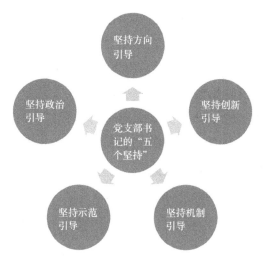

图 3-2　党支部书记的"五个坚持"

1. 坚持方向引导

党支部书记首先需要坚持方向引导，在日常党建工作中，应以明确的政治立场和坚定的价值观引领教师队伍，确保所有的育人活动都符合社会主义核心价值观的要求，落实党的教育方针。这种方向引导不仅是一种政治责任，更是一种精神导向。为了做到这一点，党支部书记要通过开展常态化的思想政治理论学习，不断提高自身的政治觉悟和理论素养。同时，党支部书记也要积极引领和激励广大教师党员，使其在教学、科研等各项工作中，始终坚持党的基本路线，坚定马克思主义立场，维护党的统一。

2. 坚持政治引导

党支部书记需要引导教师坚持党的基本路线，在教学和科研活动中彰显坚定的政治立场和原则，深化对社会主义核心价值观的理解和实践。他们需要通过具体的活动和教育，使教师深化对党的理论和路线方针政策的认识，提高马克思主义理论素养。

同时，政治引导包括对学生的价值观引领和塑造。党支部书记需要引导教师利用教学环节，教育学生树立正确的世界观、人生观和价值观，帮助学生形成对社会主义核心价值观的积极认同和坚定信仰。他们还需要鼓励教师以身作则，通过自己的实际行动向学生传达正确的政治理念和价值取向，让学生在亲身实践中得到教育，形成正确的政治态度。党支部书记应对师生进行细致、耐心的教育和引导，不能简单地将政治引导理解为一种口头教育或是形式主义活动。他们需要用心去关注每个师生，理解师生的思想动态，发现他们在思想认识上的困惑和问题，然后及时提供指导和帮助，使政治引导真正落到实处，产生实效。

3. 坚持示范引导

示范引导，意味着党支部书记不仅要理论上教育和引导教师与学生，更要通过自身的行动和态度，以实际行动向师生展示什么是党的基本理论、基本路线、基本方略的实践，以及如何用社会主义核心价值观引领生活和工作。

示范引导首先表现在党支部书记本身。他们自身就是党的精神风貌的最直接展现，是党的基本理论、基本路线、基本方略的忠实执行者。党支部书记要通过自己在日常工作中的高尚道德品质、严谨的工作作风、积极向上的工作态度以及坚定的信念，向师生展示一名优秀共产党员应有的精神风貌和道德风尚。此外，示范引导还体现在对教师队伍的建设上。党支部书记要关心广大教师的思想和行为，引导他们正确对待和看待自己的职业角色，明确自己的使命和责任。党支部书记要引导教师坚定理想信念，提升政治觉悟，始终保持积极向上的精神状态和强烈的事业心，以自己的言行为学生树立良好的教育示范。党支部书记还要带头执行党的教育政策，以自身行动向学生展示如何将社会主义核心价值观融入学生学习和生活中。他们要引导学生在实践中体验和理解党的理论和政策，感受社会主义核心价值观的精神力量。

4. 坚持机制引导

坚持机制引导具体表现为建立和完善科学和人性化的服务机制，这一机制旨在创建一个有利于教师和学生全面发展的环境。

科学的服务机制主要包括制定一套完善、公正、透明的教育教学制度，比如课程设置、教学方法、教学评价等方面的规定。这些制度应当反映教育的公正性、公平性、尊重个性和差异性等原则。在这种机制的指导下，教师能够以一种科学、健康的心态传播先进的思想和理论知识，学生则能在公正、公平的环境中健康成长。

人性化的服务机制则是对教师和学生的差异性和个性的尊重和关注，它要求把人作为教育的主体，充分考虑教师和学生的需求和利益，让他们在尊重和理解的环境中自由发展。这种机制强调教育的人文性、关怀性和包容性。通过实施人性化的服务机制，可以激发教师的教学热情，引导学生形成健康的学习态度，从而达到"三全育人"的目标。

5. 坚持创新引导

创新党建的工作方式主要是通过研究和探索新的工作方法和手段，适应新的社会环境和学生需求，提高党建工作的实效性和影响力。党支部书记要引导教师将党建工作与业务工作进行有机融合，在教学、科研、管理等业务工作中，将党建工作理念和方法融入其中，实现党建工作与业务工作的互动和互促。这需要教师具备较强的业务能力和党建工作能力，能够将党建工作的要求和目标转化为具体的教学科研任务，将党建工作的理念和方法融入教学科研的全过程。

（四）积极落实"三会一课"制度

"三会一课"制度是基层党组织生活的根本制度，为党员提供了一个沟通、学习和交流的重要平台。该制度包括定期召开的支部党员大会、支部委员会、党小组会，以及按时进行的党课。这不仅是党的基层组织生活的基础任务，也是保障党的组织生活有序运行，严格党员管理，强化党员教育的重要手段。

实施"三会一课"制度，具有强化基层党组织建设，提升组织力和战斗力的显著效果。通过定期进行会议和学习，党员能够及时理解并掌握党的路线、方针和政策，以及时事政治动态，从而提高政治觉悟，保持与党的中心工作同步调。这一制度的实施也有利于落实民主集中制原则，鼓励党员对重大问题进行民主讨论，以便形成共识，共同推动党的工作。

"三会一课"制度为"三全育人"工作提供了一个理想的实践场域。在这样的制度安排下，有关"三全育人"工作的理论研究、经验交流、问题探讨等活动，可以被有机融入"三会一课"中。这样，不仅党员在学习中能够获得更全面、更深入的育人理念和方法，还能够通过讨论和交流，达成育人工作的共识，共同探索有效的育人路径，实现"三全育人"工作的目标。

第二节　新时代高校"三全育人"协同机制建设

"三全育人"理念强调"全员、全程、全方位"的育人模式，以立德树人为核心目标，它凝聚了多主体、多环节、多要素、多层次的综合力量。其核心思想在于调动全体成员积极投入，通过各种内外部要素的物质与信息交互，借助多方力量，推动整个育人系统的稳定发展。这一模式与德国科学家赫尔曼·哈肯（Hermann Haken）提出的协同理论相契合，强调通过增强系统内部及子系统间的协同性，提升整个组织的功能与稳定性。

在"三全育人"的推进过程中，协同作用起着至关重要的作用。育人的各种主体力量、环节以及资源平台必须团结合作，形成协同的运作机制。这样的协同机制在实质上为高校思想政治教育系统及各教育子系统之间的协同配合提供了理论基础。最终，借助这一协同机制，以立德树人为主旨，致力于培养具备德、智、体、美、劳全面发展素质的社会主义接班人和建设者，构成育人工作的重要路径。

一、新时代高校"三全育人"协同机制概述

"三全育人"理念与赫尔曼·哈肯的协同理论在核心思想和动力源泉两个方面体现显著的一致性。

从核心思想来看，两者都倾向采用系统论和整体论的观点。协同理论强调生命的各个层次都在复杂的系统中通过直接或间接的方式进行相互联系，从单细胞生命到高级复杂的人类也是如此。而"三全育人"则进一步强调，在高校育人工作中，需要采用整体性和多元性的视角，认识到育人工作不能仅依赖单一元素，而是需要动员所有相关要素并将其融合成一个有机整体。

关于推动总体目标实现的动力源泉，两者都来源于系统内不同要素之间的协同作用。

协同理论的核心就在于"协同"，强调系统内所有元素都向着共同目标协力作用。相对应地，"三全育人"理念强调的是"全"字，主张通过全员参与，全过程管理，全方位考量的方式，整合各种育人资源，集结同向同行的育人力量以实现育人目标。这种一体化育人模式涵盖了包括课程育人、科研育人、实践育人、文化育人、网络育人、心理育人、管理育人、服务育人、资助育人、组织育人"十大"育人体系（见图3-3）。

传统的"三全育人"体系根据工作职责和岗位类型明确了课程育人、管理育人、服务育人的主要执行者。

科研育人的直接责任主体主要是从事科研工作的教师，而间接责任主体则是高校的科研管理人员，他们共同致力于培养学生具有为国家服务的理想、领导科学发展的精神、创新进取的意识和严谨实事求是的科

研风格，通过科研管理、科研活动和科研评价实现育人目标。

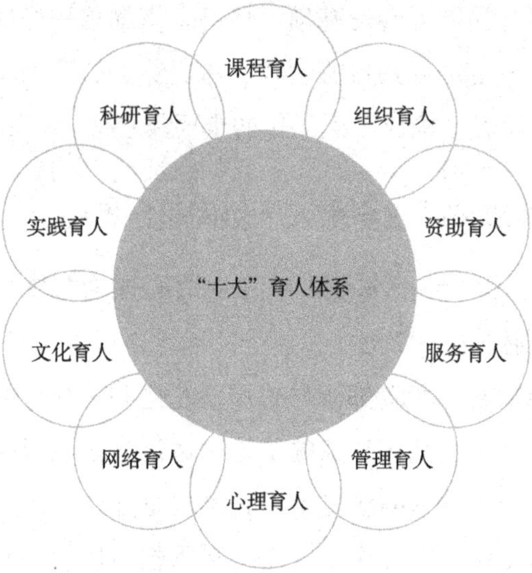

图 3-3 "十大"育人体系的主要内容

实践育人的责任主体包括党团组织和大学生团组织，同时涵盖专任教师、辅导员、班主任和学生干部等角色。这些责任主体需要构建协同机制，与课程育人相互支持、互为补充，以实现德育和知识学习的有机结合。

文化育人的直接执行者包括校园网站、广播台以及党委宣传部等机构。

网络育人的责任主体主要是校园网络的管理者和内容制作者，以及辅导员、专业教师和学生，他们负责提供有益、有趣、有启示性的网络文化产品，并在网络舆论中引导正确的价值观。

心理育人的责任主体是心理咨询师，他们负责对学生进行心理援助和辅导。

资助育人的主要执行者是辅导员，他们需要精准、有效地为学生的成长提供资助。

组织育人的主要责任主体是高校的党团、社团和班级组织，他们通过将思想政治教育融入各项工作和活动，促进学生全面发展。

总的来看，"十大"育人体系涵盖了高校人才培养的主要领域，并且与社会人才管理机制高度一致。

从系统论的角度看，只有当"三全育人"体系内各子系统以及相互关联的系统之间形成协同配合，共同向育人目标发力，才能产生"1+1>2"的协同效应。

高校的"三全育人"协同机制基于制度的支撑，主要通过有效调和"三全育人"系统及其子系统之间的关系，以确保育人系统的高效有序运行。理解"三全育人"的含义，我们必须考虑三个要素，即全员育人的主体要素，全程育人的时间要素，以及全方位育人的空间要素。因此，高校的"三全育人"协同机制也涉及三个方面的内容：

一是教育主体协同，它是"三全育人"协同机制的基础和核心。

二是教育过程协同，它意味着为了发挥教育主体的协同效应，高校需要在执行过程中持续稳定地推进。

三是教育资源协同，它构建了教育主体协同的空间维度，并且涵盖了校内外及"三全育人"的所有子系统，使教育资源得以全面整合和有效利用，从而更好地服务于更多的教育主体（见图3-4）。

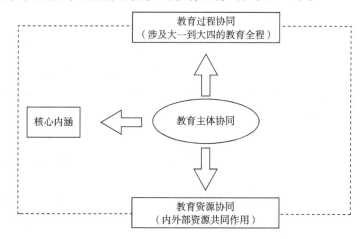

图3-4　高校"三全育人"协同机制的内涵关系

二、新时代高校"三全育人"协同机制构建的缘由

（一）大学生的精神需求与教育供给间存在着一定的矛盾

在优质物质生活的背景下，当代大学生的需求已经超越了对物质生活的渴望，转向了对社会公平正义、民主法治、优美生态和个人价值实现等非物质需求的追求。罗纳德·英格尔哈特（Ronald Inglehart）的观点更进一步证实了这一点。他指出，随着经济的繁荣，人们的价值观正在从以经济和物质安全为主的物质主义价值观，转变为更强调自我表达和生活质量的后物质主义价值观，特别在年青一代中，这种价值观的影响力更大。在这种转变中，当代大学生更倾向于积极追求生活的价值感和存在感，他们的精神需求将由他们的内在愿望与外部环境相结合而激发出来。

然而，从实际情况来看，作为满足大学生精神需求的重要途径之一的高校思想政治教育，存在着供需不平衡的问题。解决这个问题需要高校调整思想政治教育的目标，改进教育方法和手段，增加有效的教育供给，从而更好地满足大学生对美好生活的追求。"三全育人"理念的实施，就是要通过有效整合校内外的各种育人资源，建立相应的"三全育人"机制，实现教育主体、时间和空间的有机协同，因地制宜地拓宽教育供给，形成一个涵盖所有人、所有时间、所有地点的优良育人环境，以满足大学生个性化和特色化的精神文化需求，进一步推动他们全面、自由和健康地发展。

（二）大学生的道德理性与网络文化间存在着一定的矛盾

网络文化是一种新型的文化形态，它与传统文化的认知和判断方式存在着显著不同。这种新型文化样态是在信息化时代的科技革命和产业变革背景下形成的，承载着一个国家的价值观念、社会的生产方式和公

民的精神面貌。网络空间中主流意识形态和社会思潮的交锋，形成了网络文化生态，这在很大程度上影响了大学生的成长。在新的媒体格局、舆论氛围、目标受众和传播方式等方面都发生了重大变化的背景下，如何更好地关注学生、服务学生、引导学生，以及提升他们自主建立道德理性能力，已经成为高校需要深入研究的重要现实问题。

网络平台给大学生提供了自由表达思想和接触多元文化的机会。在网络中会出现不同的观点、声音和态度，大学生的思想动态及行为变化与接触到的网络文化有着直接关系，但是高校在对当前大学生思想引领和价值塑造等方面的指引作用还需进一步发挥[1]。面对网络文化可能对大学生道德理性造成的负面影响，高校可以在创建全方位育人环境中，运用多种理论和策略。例如，高校可以利用"把关人"理论强化网络化的育人建设，通过两次传播理论来培养"意见领袖"，运用议程设置理论建立与学生的对话机制，以及运用沉默螺旋理论形成有力的正面网络舆论。这些措施可以帮助塑造一个积极的、充满正能量的网络舆论环境，引导学生形成正确的道德评价、道德判断和道德选择，从而培养他们积极、正确的道德观念。通过提升大学生的道德理性能力，引导他们在网络文化的混乱环境中坚守主流意识形态的正确价值观，高校可以实现"三全育人"工作的根本目标——立德树人。

（三）思想政治教育现代化与传统教育间存在着一定的矛盾

在传统的高校思想政治教育中，育人的主要责任主体集中在负责思想政治理论课的专业教师和一线辅导员身上。这种模式存在育人主体过于单一的缺陷，使育人角色的空缺较为显著。同时，育人的职责主要由学生处、团委、马克思主义学院等部门承担，尽管每个部门都有自己的职责，但各部门之间存在较大的隔阂，协同工作的程度并不高。随着思

---

[1] 张振军，高睿.网络文化育人视角下高校思想政治教育研究[J].传媒，2021(11)：89-91.

想政治教育治理体系和治理能力现代化的进步，高校需要对传统的教育观念、方法、主体和机制进行改革，以适应国家治理体系和治理能力现代化的步伐。思想政治教育治理主要是对思想政治教育活动的统筹规划和全面推进，着重解决育人的主要目标和方法，主要通过政策文件来体现。而思想政治教育的治理能力主要体现在政策执行的水平上，即推动政策执行的能力。为实现思想政治教育治理能力的现代化，高校应提升思想政治教育政策的执行水平，从育人主体、育人过程、育人方位三个方面入手，这也是"三全育人"理念的核心理念，它为推动高校思想政治教育治理体系和治理能力的现代化提供了科学的指导。

在新时代背景下，高校需要利用系统理论的方法进行育人工作，以便更好地实现高等教育"立德树人"的根本任务，从全局出发，调动所有可利用的力量和资源，明确"全员、全程、全方位育人"的价值和逻辑关系，构建一个"三全育人"的协同育人机制。为了有效解决传统思想政治教育存在的角色缺位和部门间隔阂等问题，高校必须深入贯彻"三全育人"理念，构建一个全面、动态和开放的思想政治教育体系，充分发挥各级各类育人主体的作用，调动各种育人资源，构建相关的协同机制。这一做法的最终目标是推动思想政治教育治理体系和治理能力的现代化，提高其水平。只有这样，高校才能真正实现立德树人的目标，培养出适应新时代需要的优秀人才。

将"三全育人"理念落实到位并构建"三全育人"协同机制是系统性的工程，它需要每个高校根据自身的具体情况不断提升体制创新和机制变革的能力，改变传统的教育、管理和服务模式，跨越不同的领域、部门和学科，整合各种资源，建立一个协同运作的系统。更重要的是，高校在建立内部协同育人机制的同时，也需要解放思想，与相关的政府部门、其他高等学府、家庭等组织进行有效的协作，形成内部和外部协同，一起为育人工作贡献力量。只有这样，高校才能更好地贯彻落实"三全育人"理念，推动高等教育的持续发展。

三、新时代高校"三全育人"协同机制建设的实施策略

（一）建立教育主体协同机制

为建立教育主体协同机制，高校应从以下几个方面入手（见图3-5）。

图3-5 建立教育主体协同机制

1. 明确主体

"三全育人"的核心在于全员育人，而要成功实施全员育人，其首要任务就是准确定义教育的主体。在思想政治教育主体论中，教育者和受教育者都被视为思想政治教育过程的关键主体。每个教育主体都是根据培养目标，持久地承担责任、共享资源、互补优势等，协同发展并共同提升人才培养的质量。构建以"管理主体—实施主体—接受主体—支持主体"为核心的教育主体模式，不仅有助于我们摆脱旧有观念，即认为思想政治教育工作仅是思想政治课教师和辅导员的责任，还有助于进一步明确高校内部各部门和成员之间的责任。从管理到实施，再到接受和支持，各个主体都相互依赖，相互支持，共同推动高校思想政治教育的良性发展。

2. 强化意识

"三全育人"是辩证统一的理念，其基本前提是全员参与育人。在全员育人主体层面，"人人育人"的理念要求所有高校的教职员工都要

深化自己的育人意识，始终铭记自己身上的育人使命，深入挖掘自己岗位中的育人因素，并积极引导学生的思想，将思想政治教育的责任贯穿全员之中。换言之，每位教职员工都必须明确自身的育人职责，对学生进行积极的思想启发，实现高校思想政治教育责任的全员覆盖。

3. 落实责任

在高校党委的有力领导下，党政干部需要积极肩负起思想政治教育协同育人任务的统筹、部署、政策执行和组织协调等关键职责。同时，共青团干部作为党的预备队，需要充分发挥他们的力量，配合党政干部完成相关工作。

专业课教师也有重要的职责。他们不仅需要完成教书的任务，更要实践育人的理念，将思想政治教育贯穿课堂教学中，坚定地推进课程思政的实施。他们需要通过课外实践活动，将理论教学和精神引导、价值导向结合起来，注重学生专业知识技能和科学精神的培养，同时强调行为规范的引导和思想品格的塑造。

（二）建立教育过程协同机制

1. 构建课程育人的协同机制

当前，在高等教育中，育人课程主要由思想政治课程、专业课程和通识课程构成。尽管高校已对思想政治课程及其教师团队在育人过程中的角色进行了优化和有效利用，但专业课程和通识课程在思想政治教育中的价值似乎被忽视了。实际上，如果高校只将各个教育主体局限于某一特定的活动领域，虽然看似分工明确，但可能导致整个高校课程育人体系的割裂，从而限制了协同育人的效能。要优化高校的育人工作，高校必须从高等教育育人的根本要求出发，而不仅是围绕思想政治课程开展。高校需要强调课堂教学在育人过程中的主导作用，把思想政治教育渗透教育教学全过程中，深入整合与思想政治理论教育相关的课程资源，构建课程思政和思政课程协同的机制。然而，课程协同育人是一项系统的工程，需要高校以科学理念和系统思维为指导，通过精确、翔实的规划和有效的实践来推动。高校和教师团队应共同探讨，建立起一套完整的、互为补充的新的课程育人体系，以深度挖掘和深入植入思想政治价值和专业理论知识，提升人才培养质量，满足学生个性化需求，促进学生全面、健康发展。

除此之外，高校还需要重视通识课程在育人中的重要作用，为学生提供自由选择课程的机会。通识教育有助于培养学生的批判思维能力、好奇心和一些专业技能，使他们能自信地适应各种工作岗位，并有能力去学习任何学科，从而推动学生的全面发展。

2. 构建管理育人的协同机制

管理育人主要涉及高校如何在执行严格的规范管理要求的同时，利用科学的教育方式强化教学规章制度的建设、群体公约体系的建设，帮助学生树立正确的价值观念，促进学生成长成才。这一过程是全面推动依法治教、强化科学管理对育人保障功能的关键。管理育人需要高校管理部门的相关人员在工作中体现高尚的职业道德和专业精神，以培养和树立品格为导向，以实践育人的目标为准则，以确保贯彻落实培养和树立品格的基本任务。

在构建管理育人机制的过程中，高校必须重视推进法治和制度建设。以大学章程为导向，并以优化内部治理体系为核心，强调法治精神和法治思维，逐步构建和完善高校的制度体系。同时，要不断强化师生员工的权益保障制度建设，充分利用党团组织、行政组织、学生会等机构的民主监督功能。

为构建管理育人机制，高校还应不断强化干部队伍的建设，提升干部队伍的思想观念、能力素质、行为作风，努力打造出一支政治立场坚定、能力强大、作风严谨的干部队伍。

高校应该持续加强教师队伍建设，提升教师的专业能力，增强其育人理念，完善教师的职业素养。具体来看，高校需要从以下四个方面入手（见图 3-6）。

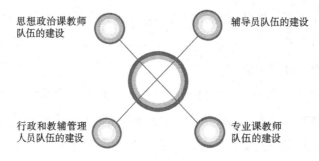

思想政治课教师队伍的建设　　　　　　　辅导员队伍的建设

行政和教辅管理人员队伍的建设　　　　　专业课教师队伍的建设

图 3-6　加强教师队伍建设的主要方向

（1）要深入加强思想政治课教师队伍的建设

培养一支具有强烈的政治责任感、深远的情怀、创新思维、广阔的视野、严谨的自我要求和正直的人格品质的教师队伍。思想政治课教师队伍应该是政治素质高、专业素质高、职业道德高的教师队伍。思想政治课教师在传授思想政治教育课程时，要具备坚定的政治立场、政治观念和政治能力，始终坚持以马克思主义为指导，坚定四个自信，坚决维护中国共产党的领导地位，忠诚于社会主义事业。思想政治课教师要掌握扎实的理论知识，具备独立研究问题、分析问题的能力，不断提高自身的教学方法和技巧，以便将抽象的政治理论知识转化为学生易于理解的语言。思想政治课教师还要以身作则，用自己的言行对学生进行潜移默化的影响，要公正公平地对待学生，具备良好的职业道德修养。

（2）要重视辅导员队伍的建设

辅导员作为育人工作的一线力量，在"三全育人"的实施中，要承担整合、实践、跟踪反馈等关键职责。高校应通过物质和精神双重激励，提高辅导员的工作积极性和主动性。辅导员是沟通学生与学校之间的重要桥梁，是学生的良师益友，在教育、管理、服务等多方面肩负着重要职责。辅导员应具备良好的沟通技巧和协调能力，能够有效地处理学生的个人问题和团体冲突，做好学生思想引导工作。辅导员还应具备较高的组织管理能力，有效地开展各项学生工作，同时，需要通过丰富的实践经验来提升自己的工作能力，不断在工作中学习，在学习中工作，形成理论和实践相结合的工作方式。

（3）要加强专业课教师队伍的建设

高校要提升专业课教师的育人责任感和专业素养，使他们能够有效掌握育人的理念、手段和策略，实现思想政治教育与专业知识教育的有机结合，发挥专业课教师在教学过程中的育人能力。专业课教师需要明确自己不仅是知识的传递者，更是人才的塑造者。他们应将"教书育人"作为自己的职业信仰，确立自己在学生成长过程中起到的重要作用。专业课教师队伍建设要注重专业知识和教育教学能力的双重提升。第一，专业课教师要精通自己的专业领域，具备丰富的专业知识和理论素养，不断更新知识结构，以适应不断变化的专业发展需求。第二，专业课教师也需要具备良好的教学技能，以激发学生的学习兴趣，提高学生的学习效率。

（4）要重视行政和教辅管理人员队伍的建设

他们在高校的日常管理和运行中扮演着关键的角色，包括组织、管理、服务和教育学生等多方面的职责。高校应充分关注他们的心理需求和实际需求，提高他们的育人使命感和育人能力。行政和教辅管理人员不仅要有良好的职业素质和丰富的管理经验，还要具备一定的专业知识，以便更好地完成各项工作任务。行政和教辅管理人员应积极参与高校的各项教育活动，与学生、教师等保持良好的互动关系，了解并满足他们的需要，为他们提供高质量的服务。

3. 构建服务育人的协同机制

构建服务育人协同机制的主要目标是将服务工作紧密结合到高校的

"三全育人"的任务中，确保服务工作渗透教学、科研和管理等各个环节。它着力于提高服务质量，促进服务和育人任务的有机结合，从而实现校内各部门以及学校与社会之间的协同工作，打造完整的育人体系。

为了确保服务育人的有效实施，高校需要进行顶层设计，确保全校范围内要有强烈的服务育人意识，明确服务育人的总体和分阶段目标，同时确定实际可行的服务育人措施和可调动的资源。高校要通过引进和培养人才相结合的方式，着力构建专业化的服务育人人才队伍，提升相关人员的使命感、服务育人意识和能力。除此之外，高校还应结合实际情况，不断创新服务管理理念，增加服务资源，拓宽服务功能和领域，尽可能改善学生的服务体验，最大限度地满足学生对美好校园生活的期待。

4. 构建科研育人的协同机制

科研活动具有探索未知、挑战边界的特点，这与教育的本质——启迪思考、发掘潜能有着天然的契合点。教师在科研过程中获得的新知识、新观念、新方法，可以及时地引入教学过程中，使课堂教学充满生机和活力。为构建科研育人协同机制，高校要将学生纳入科研队伍，让他们参与科研项目的全过程，这样不仅可以锻炼学生的实践能力和创新思维，也能激发他们对知识的热爱和对探索的渴望，进一步提升他们的自主学习能力。学生参与科研，既是科研助力，也是接受深度的学科教育，这对于形成他们的学科素养具有非常重要的作用。

新时代高校应致力打破科研和教学的壁垒，推动两者的深度融合，以科研育人的理念推动教育创新，构建科研育人的协同机制，从而提升教育质量，培养出更具创新能力和实践能力的高素质人才。

5. 构建实践育人的协同机制

为构建实践育人的协同机制，高校应注重实践环节与理论学习的有机结合。只有理论知识的灌输，无法使学生对学科有深入全面的理解；只有单一的实践，也无法引导学生形成理论联系实际的思考方式。实践环节的设置，应始终遵循学生发展的原则。这意味着，实践活动的设计不仅需要符合学生的认知水平，更需要激发学生的主观能动性和创新精神。通过设置具有挑战性和探索性的实践项目，让学生在解决问题的过程中，学习新的知识，锻炼独立思考和团队协作的能力。同时，将实践活动与课堂教学紧密结合，也是构建实践育人协调机制的重要环节。理论教学的内容应根据实践活动的需求进行调整，使之能够更好地支持实践活动的进行。反之，实践活动的反馈也可以为理论教学提供生动的案例，使课堂教学更具实感和吸引力。另外，高校还需要建立良好的外部合作关系，通过校企合作、社会实践等方式，将更多的实践资源引入教学过程中。这种开放的教育模式，既能够提供丰富多样的实践平台，也能够帮助学生建立宽广的社会视野，增强他们的社会参与意识和责任感。

6.构建文化育人的协同机制

高校应积极培育和弘扬校园文化，使之成为学生进行身心发展、提升人文素养、构建世界观和价值观的重要平台。构建文化育人协同机制的关键在于使文化教育渗透高校教学、科研、管理等各个方面，形成全员、全程、全方位的文化育人格局。

在教学过程中，高校应将文化教育融入课程体系，开设人文素养类的必修课程，使学生在专业学习的同时，也能了解到人类社会的文化遗产和文化差异，从而提升他们的人文素养，增强他们的跨文化交际能力。另外，科研活动也是推动文化教育的重要途径。通过组织学生参与有关文化研究的科研项目，既可以让学生有机会深入探究文化现象，也可以通过科研活动培养他们的批判性思维和创新精神。校园管理方面，高校可以通过举办各类文化活动，如文化节、讲座、展览等，为学生提

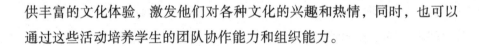

供丰富的文化体验，激发他们对各种文化的兴趣和热情，同时，也可以通过这些活动培养学生的团队协作能力和组织能力。

7. 构建网络育人的协同机制

网络已经深入渗透到高校的教育教学中，对于学生的成长发展有着重要影响。因此，高校应注重网络育人协同机制的构建。网络环境为教学提供了无限的可能性，它改变了传统的教学方式，扩大了教育的空间和时间范围。在教学过程中，高校可以通过网络平台进行在线授课、互动讨论、学生评价等，使教学变得更加灵活、高效。同时，网络也提供了海量的教学资源，帮助教师丰富教学内容，提高教学质量。网络具有自由开放性，这又使学生有更多的机会自主学习、发现和解决问题。因此，高校可以利用网络平台，组织各类在线学习小组、学术讨论会等活动，鼓励学生主动参与，培养他们的自主学习能力、团队协作能力和创新能力。

然而，网络环境也带来了诸多挑战，如网络安全、信息真实性等问题。因此，高校在构建网络育人协同机制时，也需要加强网络素养教育，培养学生的信息鉴别能力和网络道德意识。除此之外，高校还需要建立健全的网络管理制度，以确保网络教学的顺利进行。例如，高校可以设立专门的网络教学部门，负责网络教学的规划、实施和评价，为网络教学提供强有力的支持。

8. 构建心理育人的协同机制

在高校教育环境中，心理健康对于学生的全面发展起着至关重要的作用。高校应当认识到，学生的精神世界和心理状态同样是教育关注和呵护的对象。因此，构建心理育人协同机制，就是要把关注学生的心理健康放在教育的核心位置，与学术教育、道德教育等并重。在这一协同机制下，教师在教学中不仅传授知识，也需要注重引导学生的情绪调适和人际交往，帮助他们建立良好的自我认知和自我价值感。在面对学习压力、人际困扰等问题时，教师应提供相应的心理辅导，帮助他们调整心态，积极面对挑战。同时，高校也需要为学生提供专业的心理咨询服务。通过设立心理咨询中心，配备专业的心理咨询师，为学生提供心理测试、个案咨询、心理讲座等服务，帮助他们解决心理问题，促进他们的心理成长。

除此之外，高校还应建立完善的心理教育课程体系，通过设置心理学基础课程、心理健康教育课程等，使学生了解心理学的基础知识，提高他们的心理素质和应对压力的能力。高校还需要加强与家庭、社会的联动，形成心理育人的合力。家庭是学生的重要成长环境，家长的教育观念和家庭氛围对学生的心理发展有着重要影响。因此，高校应加强与家长的沟通，引导他们树立正确的教育观念，建设良好的家庭教育环境。社会也是影响学生心理发展的重要因素，高校应通过实践活动等方式，让学生更多地接触社会，提升他们的社会适应能力。

9. 构建资助育人的协同机制

资助育人旨在通过多种形式的经济支持，为学生提供公平的学习机会，同时，通过资助的过程培养学生良好素质和社会责任感。

高校需将资助工作与育人工作进行紧密结合。一方面，通过提供奖学金、助学金、勤工助学等多元化的资助方式，确保每个有学习愿望的学生都能得到学习的机会，缓解他们的经济压力，帮助他们全身心地投入学习中。这些资助项目不仅关注学生的学术表现，更重视他们的综合素质，如领导能力、创新精神、社会责任感等。另一方面，资助育人的过程也是教育学生的过程。高校可以通过资助活动，如公益服务、社会实践等，让学生在实际行动中体验社会、感知人生，提升他们的社会实践能力，增强他们的社会责任感。同时，高校还应教育学生珍惜机会，培养他们的勤奋精神和良好品格。

另外，构建资助育人的协同机制，也需要高校与社会各方面进行广泛的合作。例如，可以与企业、非政府组织、校友等建立合作关系，共同发起资助项目，为学生提供更多的资助机会。这些合作也为学生提供了接触社会、了解行业的机会，有利于学生的职业规划和未来发展。

10. 构建组织育人的协同机制

高校需要充分利用其丰富的组织资源，如学生社团、班级、团委等，通过这些组织进行实践教育，培养学生的领导力、团队精神和社会责任感。组织活动是一种有效的育人方式，它让学生在参与和实践中提升自我，成长为具有社会责任感的公民。高校通过举办各类文化、科技、体育活动，可以让学生在实践中学习规划、组织、协调、领导等能力，同时让学生有机会在团队合作中培养沟通、协作、理解、包容等社交能力。组织活动还可以弘扬社会主义核心价值观，通过一系列活动的开展，学生对社会主义核心价值观的理解将更为深刻，并将其融入日常生活中。比如，高校可以通过志愿者服务活动，培养学生的公益意识和社会责任感；通过团队合作活动，提升学生的团结协作精神和集体主义精神。

高校应建立完善的组织管理体系，包括规范的活动申请、审核、评价、奖惩等流程，确保组织活动的正常进行。同时，学校还应提供必要的支持和服务，如活动场地、资金、指导等，为学生参与组织活动提供便利。在此过程中，教师扮演着关键的角色。他们既是活动的指导者，提供专业的知识和经验支持，又是学生的引导者，通过活动指导学生反思和提升，帮助他们在实践中成长。

（三）建立教育资源协同机制

1. 打造思想政治教育信息共享平台

高校应当充分利用各种可能的场景和工具，以合适的方式进行思想政治教育。根据校园内外、课堂内外以及网络内外的全方位育人需求，建立"一站式"的大学育人模型，并创建高校思想政治教育的信息共享平台。创建这种信息共享平台可以有效地解决高校内部各个部门间的"信息孤岛"问题，并能够有效地促进校园内外、课堂内外以及网络内外三大空间资源的快速动员。校外的家庭和社会系统可以通过这一信息共享平台准确地获取教育资源和相关的扩展信息，从而推动大学教育计划的实施。学生也可以利用信息共享平台上的思想政治教育课程板块积极参与思想政治教育过程，在时空上实现自主选择。信息共享平台汇聚了丰富多样的内容，可以有效地弥补线下教育资源的不足，开阔学生的视野，开设网络思想政治阵地，采用"互联网＋思政"的方式，有利于营造一个明朗清晰的思想政治的教育环境。

高校思想政治教育信息共享平台的建立目标是以网络空间为媒介，消除学校与外部环境的空间隔阂，并解决大学生在思想政治教育方面面临的资源整合和信息获取难题。为此，平台的建设需要对接学校内外所有相关单位的网络信息资源，链接各种载体平台上的思想政治教育文章，并整合多元化的思想政治教育信息，防止在多平台上产生信息分散的情况。由于信息共享平台具有社会公开性，必须全面考虑社会大众的需求，为家庭和社会创建专门的栏目，广泛征集学校内外人士关于"高校—家庭—社会"育人合作方面的意见和建议，实现平台资源的社会化共享，而不仅仅是高校或特定群体的独享。另外，考虑平台运行的专业性，高校有必要大力培养专业素质出色且善于协作的平台运营团队，将平台技术人员的技术优势和教育工作人员的思想教育优势进行有机结合，发挥团队协作的效益，从而推动平台的有序运行。

2. 建立校际协同育人机制

随着我国高等教育事业的飞速发展，学校间的合作已经成为教育发展的新趋势，极大地推动了教育资源的流动和共享。在"三全育人"的背景下，我们需要构建学校间的育人合作机制，实现教育资源共享以及各方共赢。为实现这一目标，学校之间首先需要进行友好协商，以建立科学合理的协同育人制度及合作机制，这将确保协同育人工作的顺利开展。之后，各大高校需要共同创建一个育人信息共享平台。在平台的设计上，可以根据各学校的实际情况，灵活地选择线上、线下或线上线下混合的育人模式，这将推动校际育人工作的相互融合，从而实现共赢的目标。

3. 建立校企协同育人机制

由于现实中存在着信息和资源的不对称，高校和企业间的合作受到一定限制，这也阻碍了协同育人的进展。实践证明，完善的校企协同育人机制能充分利用企业独特的育人资源，实现学校和企业的优势互补，并助力高校更有效地执行"三全育人"策略。因此，建立校企协同育人机制十分重要。高校应该与企业达成教育共识，在育人观念上有一致的理解。观念是驱动行动的重要因素，只有当双方在育人理念上达成一致，协同育人才能深入开展。校企间应建立起一个有效的协同育人模式，促进企业从人才需求者转变为人才培养者。从本质上讲，校企协同育人是一个双赢的合作。学校从企业获得资金、前沿知识和实践平台等方面支持的同时，学校也应针对企业的人才需求，邀请企业参与人才培养方案的制定和完善，从而为企业发展提供高质量的人才。校企协同育人离不开政府部门和行业协会的支持。校企合作是一个渐进且复杂的系统工程，需要通过不断探索寻求政府、企业、行业和学校在合作中的最佳利益结合点，实现多方共赢和共同发展，从而推动协同育人的可持续发展。

4. 建立家校协同育人机制

在育人过程中，家庭与学校都负有责任，两者均起着不可或缺的作用。家庭教育与学校教育是相辅相成的，虽然双方的育人主体、育人场所不同，甚至在育人理念、内容、媒介和方法等方面也有所差异，但他们的育人目标是相同的，即促进学生全面发展，使其成长为具有全面素质的优秀人才。因此，学校和家庭之间在育人问题上需要达成一致，充分发挥各自的优势，通过互相信任和支持，形成一股协同育人的合力。这种协同合力的形成，对推动学生全面发展，培养身心健康、全面发展的人才具有至关重要的作用。为社会培养优秀人才，是学校与家庭共同承担的责任和使命。

第三节　新时代高校"三全育人"保障机制建设

"三全育人"作为新时代高校教育的重要理念和模式，其核心理念是全员育人、全程育人、全方位育人，符合新时代我国高等教育发展的方向和需求。然而，在现实中，育人主体的参与度、育人模式的创新以及育人环境的建设等方面的困难和挑战，使"三全育人"的体系建设面临着诸多压力。在这样的背景下，建立"三全育人"保障机制，成为促进我国高校教育质量和效益的重要措施。高校需要构建一种多元参与的保障机制，即由高校、政府、社会三方共同参与，共同负责，形成互补和协同机制。这种机制应以提高教育质量、满足人才培养需求为核心目标，结合我国实际国情进行构建和调整。通过这种方式，高校可以推动"三全育人"体系的规范化、可持续性和高质量发展，从而更好地服务我国的创新人才培养，满足我国社会经济发展的需求。

一、新时代高校"三全育人"保障机制概述

"保障机制"是一个系统内部各部分相互协作以维持整个系统正常运行的特定形式。换言之，保障机制就是一系列实质性和精神上的措

施，旨在保护和支持某一特定目标或活动的顺利进行。理解"三全育人"保障机制的含义是推动高等教育有效进行的关键之一。

"三全育人"体系的发展质量不仅受到高校内部运行状况的影响，也会受到政治、经济和文化等外部因素的影响。因此，根据对保障机制内涵的理解，我们可以将高校"三全育人"保障机制定义为：为了实现高校全员育人、全程育人、全方位育人的目标，保证高校的教育质量，高校内外部资源的整合，依赖必要的组织机构把一系列关于"三全育人"的质量管理活动紧密组织起来，形成一个有机的整体，这也是"三全育人"保障机制的结构和运行机理。具体来说，新时代高校"三全育人"保障机制包括政策支持机制、人才队伍的保障，以及经费投入的支持等多个方面。这些元素的共同作用，有助于促进高校实现高质量的教育目标。

构建"三全育人"保障机制应当遵循一定的原则，这些原则主要包括以下四点（见图3-7）。

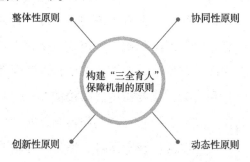

图3-7 构建"三全育人"保障机制的原则

（一）整体性原则

整体性原则强调的是高校要将"三全育人"体系作为一个由多个要素构成的整体，各个部分都是相互关联、相互影响的，没有哪一个部分是可以孤立存在的。在这样的视角下，高校需要高度重视内部育人要素的主体作用，并将外部育人要素纳入"三全育人"体系中，实现校内外育人要素的整合和协同。无论在学校内部还是学校外部,每个环节都包含多个育人要素。例如,学校内部有教师的教学、教研活动,学生的学习、实践活动,学校的教育教学管理等;学校外部有家庭教育、社会实践、社会公众对学生的影响等。所有这些要素都对学生的成长和发展起着重要作用。因此,高校要树立整体意识,深入剖析各部分之间的关联,以便更好地协调和组织各个要素,形成一个有机的整体,从而更有效地实现"三全育人"的目标。同时,我们需要注意的是,由于每个要素都是动态变化的,所以,整体性原则也要求我们具有一种动态的、发展的观念,以便及时调整和优化"三全育人"体系的各个要素,适应不断变化的教育环境和需求。

(二)协同性原则

这一原则强调育人要素之间相互协作与相互影响的作用,促进实现整个育人系统内部各要素之间的优势互补和协调发展。协同性原则的核心思想是,在教育过程中,各环节和各部分不是孤立存在的,而是通过相互合作和协调,形成一个有机统一的整体。在"三全育人"体系中,校内外育人主体、育人内容、育人方法和育人环境等各个要素,都需要在互相协作和协调中发挥自身的功能,以实现对学生全员育人、全程育人、全方位育人。各育人主体不能只看重教育过程的某一环节或某一部分,而忽视了其他部分,而是要充分认识和利用各个要素之间的联系和互动,促进各要素之间协同发展,从而实现"三全育人"体系的整体优化和提升。

(三)动态性原则

"三全育人"保障机制并非一成不变,而是根据实际情况进行动态调整和优化。在实践中,动态性原则主要体现在两个方面:一是教育环境是不断变化的。受社会、经济、技术等多种因素的影响,教育环境中的教育目标、教育内容、教育方法等都会发生变化。因此，"三全育人"保障机制也需要根据教育环境的变化进行相应的调整。二是学生自身也是在不断发展和变化的。他们的知识水平、能力素质、学习需求、学习方式等都会随着时间的推移而发生变化。因此，"三全育人"保障机制也需要根据学生自身的变化进行动态调整，以便更好地满足他们的发展需求。

（四）创新性原则

创新性原则鼓励教育者充分尊重并继承历史上有效的教育实践和理念。这些传统的教育方法经过时间的检验，具有其独特的价值和意义。然而，仅仅依赖传统的教育方法并不能满足当前教育的多样化和个性化需求。因此，创新性原则强调，教育者需要在继承传统的基础上，积极进行教育创新，探索和实践适应当前社会发展需求的新教育方法。除此之外，创新性原则还要求教育者应该具有开放的视野，学习借鉴其他领域，包括其他学科和社会领域的成功经验和方法，以丰富和发展教育方法和育人保障机制。

二、新时代高校"三全育人"保障机制建设的缘由

（一）有利于高校协调、高效地开展工作

在推进"三全育人"工作中，高校需要进行教育方式的更新和革新，在现有教育方法上做出改变，大胆尝试更为现代的教学方式，如体验式、感悟式、实践式和情境式教学，以促使学生积极、深入地参与思想道德教育，自我提升思想品德素养，从而真正实现"三全育人"。

在"三全育人"政策的落地执行过程中，某些高校有时会忽视一些看似次要，但实则关键的领域，如后勤、管理和安保等方面的工作。这些领域的工作同样重要，亟须得到重视和加强。在实践中，高校必须意

识到所有这些元素共同构成了高效和有效的育人体系，并且需要适时地对其进行调整和优化。

为促进"三全育人"工作的顺利开展，高校需要为学生提供完善的心理咨询服务，建立一支专业的心理咨询团队，包括专业心理咨询师和心理健康教育师，以促进学生的心理健康发展。团队的任务包括及时对学生的心理状态进行评估，提供必要的心理干预和咨询服务，帮助学生处理学习压力、人际关系问题、自我认知等问题。此外，高校还需要开设心理健康教育课程，普及心理健康知识，提高学生的心理素质和应对压力的能力。

安全保障是高校育人工作的重要组成部分。这涉及校园安全、实验室安全、实习实践安全、网络安全等多个方面。学校需要建立健全的安全管理体系，提供安全培训，及时处理安全风险，确保学生的人身安全。另外，高校也需要注重网络安全教育，帮助学生增强网络安全防护意识，防止个人信息泄露、网络欺诈等问题。

此外，高校还需要获得充足的经费支持，以确保各项育人工作顺利进行。教学设施的建设和维护、教材的购买、教师的培训和研修、学生活动的组织等都需要经费的支持，教育科研和教育改革也需要必要的经费投入，以促进教育质量持续提高。因此，高校、政府和社会都需要在经费保障方面共同努力，为"三全育人"工作提供持久的动力。

（二）有利于提高高校人才培养质量

在高等教育人才培养中，除道德教育和知识教育应该引起教育者的足够重视外，人格塑造的目标也应被优先考虑在内。高校必须始终铭记习近平总书记提出的教育思想，"德是首要，是方向"，并在高等教育的全过程中实施这一理念。每一位大学生都应深入理解社会主义核心价值观的实质，在热衷求知和勤奋学习的同时，具备社会责任感。他们应该既修养公共道德和个人道德，又在学习科学文化知识的过程中，培养自身高尚的道德素养，从而实现健康成长。

高等教育的"三全育人"体系比传统的教育模式更为丰富，其运行模式也更为复杂，并且会随着时代的发展而进行不断的演变和深化。当前，我国高等教育的"三全育人"体系的建设已进入深入推进的阶段，有着充满希望的未来。因此，构建和完善"三全育人"保障机制对于提高高等教育的道德教育质量至关重要。

构建保障机制是确保高等教育的"三全育人"工作系统化、规范化的关键，也是保证"三全育人"工作取得良好成效的决定性因素。高等教育的"三全育人"保障机制能否在教育过程中发挥作用，很大程度上取决于教育者是否能够科学、理性地向学生传授教育理念，同时取决于学生是否能够理性、客观地接受这些教育理念。因此，在实施教育过程中，教育者需要设定科学、合理的教育目标，创新教育方式和方法，持续改善教育环节。同时，学校需要加强大学生的心理健康教育，塑造学生健康、高尚的人格。

（三）有利于推动高校教育改革和创新

建立"三全育人"保障机制，对推动教育改革与创新起到了至关重要的作用。因为，保障机制能够为实施"三全育人"提供必要的资源保证。这些资源包括经费、人力、设备和管理等，它们是开展教育工作的基础。只有当这些资源得到保障，"三全育人"工作才能顺利进行，从而推动教育改革的深入进行。"三全育人"保障机制还能够为"三全育人"工作提供系统的运行规则，引导各相关方面理解和接纳新的教育理念，形成共同的行动和行为规范。这种规范化和制度化的运作，更有利于"三全育人"理念在教育实践中的推广和实施，进一步推动教育改革。此外，"三全育人"的保障机制还能提供稳定的支持和保护，使相关人员在实施"三全育人"的过程中，即使遇到困难和挑战，也能够保证教育活动的持续进行。这种稳定性的保障有助于教育改革持续进行，同时为教育创新提供了可能。

三、新时代高校"三全育人"保障机制建设的实施策略

要构建和完善"三全育人"的保障机制，高校必须在政策执行、人力资源和经费提供等方面投入大量的精力和资源。"三全育人"工作是长期性的，常态化的，没有必要的物质经费保障是不可能顺利进行的❶。

（一）政策保障

政策保障的具体措施包括管理机制的构建、制度规则的优化、自我建设的强化、监督制度的完善等（见图3-8）。

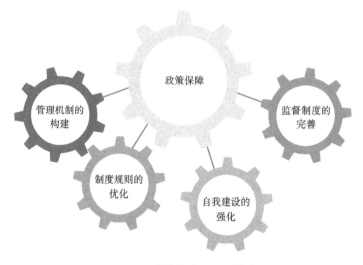

图3-8 政策保障的具体措施

1.管理机制的构建

优质的顶层设计至关重要。高校应按照国家"三全育人"政策的要求，在结合自身特点和环境的基础上，设定合适的"三全育人"目标和

---

❶ 叶树斌，张建.建立健全"三全育人"工作保障体系的动因及路径 [J].阜阳职业技术学院学报，2022，33（2）：15-18.

执行计划。高校需要构建"三全育人"领导小组工作机制，由学校党委主要领导带领，明确各相关部门的职责分工，以形成党委统一领导、院系实质负责、党政齐抓共管的良性机制。高校需要构建健全"班主任—辅导员—学业导师"三位一体的管理机制，鼓励学业导师参与班主任组织的活动，和辅导员互相支持，形成优势互补。

2. 制度规则的优化

教师在"三全育人"保障体系中的角色极其重要。因此，高校需要不断完善和改进教师的考核机制，逐步提升考核和激励方式的质量，将教师参与的思政活动与他们的薪酬福利、职位晋升、职称评审、评奖评优等方面相结合，全面提高教师团队的道德水平、育人能力和育人动力。从操作层面上看，高校可以通过建立相应的评价和奖惩体系，选拔优秀的教职工担任班主任和学业导师等角色，稳步推进"三全育人"的工作进程。

3. 自我建设的强化

学生想要获得一定的成就，必须依赖他们自身的努力。虽然人可能会存在一定的惰性，但高校可以通过制定规则、建立制度，有效地激发学生的内在动力，确保获得良好的教育成果。构建完善的自我管理机制，可以推动学生自我管理和约束，使他们在日常生活和学习中逐步习惯并实践自我管理和自我服务，从而形成良好的道德观念，养成良好的行为习惯，推动自身全面和健康发展。

4. 监督制度的完善

高校"三全育人"工作涉及的领域广泛，人员关系复杂，需要完善的监督制度以保障"三全育人"工作的有效实施。一方面，健全的监督制度可以快速真实地反馈日常工作的状态信息，有利于对突发事件进行预防和控制，从而避免重大问题的发生；另一方面，监督制度的执行也有利于充分发挥"三全育人"相关主体的协同作用，保障"三全育人"工作的成效。

（二）人才队伍保障

为了保障"三全育人"的实施，人才队伍的建设十分关键，对此高校应做到以下几点（见图3-9）。

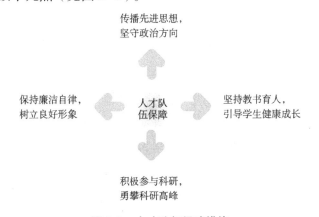

图3-9 人才队伍保障措施

1. 传播先进思想，坚守政治方向

习近平新时代中国特色社会主义思想，是马克思主义中国化最新成果，为我们实现中华民族的伟大复兴提供了行动指南，对于引领党和国家事业的发展具有重大意义。高校人才队伍应该坚定习近平新时代中国特色社会主义思想的指导，增强"四个意识"，坚定"四个自信"，做到"两个维护"，深刻领悟"两个确立"的决定性意义，这是队伍建设的首要政治要求。高校应该引导教师以德立身、以德施教，成为先进思想文化的传播者和实践者。高校教师作为党的教育工作者，需要坚守政治信仰，提升自身的思想政治水平。在教学、科研和育人过程中，教师应坚定地传播党的理论和路线方针政策，反对不良的社会思潮，加强学

生主流意识形态教育，坚定维护党的领导地位，弘扬时代主旋律。

2. 坚持教书育人，引导学生健康成长

"教书育人"不仅是教授学生专业知识，更是培养他们成为有道德、有品质、有创新精神的公民。坚持"教书育人"，就是要在教学过程中引导学生健康成长，这是高校教师不可或缺的责任和职业使命。高校教师的工作既包括教学，也包括对学生的个人成长的引导。他们需要在教育学生系统掌握理论知识的同时，将"德育"视为重点，不仅要让学生理解如何做事和做人，还要引导学生将所学知识应用到实践中，以促进学生的健康成长。学生的价值观往往在学生时期形成，并在其一生中起着重要的引导作用。高校教师在教书的同时，也要教育学生如何区分是非、认识社会、理解世界，并在此过程中，引导学生形成正确的价值观和人生观。教师应该让学生明白，作为公民，他们有责任和义务对社会做出贡献。教师可以通过参与志愿者活动、社会实践等方式，让学生体验到为社会服务的乐趣，培养他们的社会责任感。教师在关心学生学习成绩的同时，还要关注他们的心理健康。在学生遇到困难和挫折时，教师要帮助他们调整心态，树立自信，鼓励他们以积极的态度面对生活。总之，坚持"教书育人"是对学生全面、健康成长的关心和引导，是对知识、能力、情感、态度、价值观等各个方面的教育，以培养出德、智、体、美、劳全面发展的社会主义建设者和接班人。

3. 积极参与科研，勇攀科研高峰

高校教师应该积极投身科研事业，面对各种挑战和问题，他们需要有担当精神和使命感，勇于直面挑战。他们应该关注经济和社会发展的前沿问题，大胆采用新思路、新技术和新方法，力争取得创新性成果，推动经济和社会的发展。作为学术研究的先锋，高校教师的工作不能局限于课堂教学，而是要深入各个学术领域的前沿，以求新知、探索真

理、创造知识。

高校教师在面对挑战时，应具备担当精神和使命感。在科学研究的过程中，高校教师会面临各种未知和困难，这需要他们有足够的决心和毅力去面对和克服。同时，他们要有使命感，明确自己的工作不仅是为了个人的职业发展，更是为了人类知识的积累和社会的发展。高校教师的研究应该紧密结合社会实际，关注那些对经济社会发展有重大影响的前沿问题，从而使自己的研究具有更高的价值和意义。科研工作要求高校教师不断尝试新的思维方式和研究方法，这不仅能够提高他们的研究效率，还能够促使他们在学术领域取得更大的突破。高校教师应该致力于在自己的研究领域取得具有创新性的成果，为经济社会发展提供理论支撑和实践指导，以积极的态度投身科研事业，为社会做出应有的贡献。

4. 保持廉洁自律，树立良好形象

高校教师队伍需要坚守廉洁自律的原则，确保权力在阳光下运行。他们需要树立正确的价值观和权力观，提高自律意识，坚守道德底线。同时，他们还应该秉持品行方正、节俭朴实、勤勉律己、诚信守法的原则，树立良好的形象。在高等教育机构中，人才队伍，特别是教师队伍，担任着引领和塑造学生的关键角色。他们不仅是学术知识的传播者，更是道德规范和社会价值的示范者。因此，他们必须坚守廉洁自律的原则，树立良好的形象，这是他们对学生、对社会、对自身职业的基本责任。作为学生的导师和榜样，教师的行为会直接影响到学生的道德观念和行为习惯的形成。如果教师能够坚持廉洁自律，展现出品行方正、节俭朴实、勤勉律己、诚信守法的形象，那么他们就能给学生树立一个积极的榜样，让学生明白尊重规则、坚守道德是每个公民的基本责任。高等教育机构是社会文明的重要阵地，对于社会文明程度和社会公正公平有着重要影响。因此，高校人才队伍需要以实际行动表明他们坚

守公正、公平的价值，积极维护社会公正和公平，为构建公正公平的社会做出自己的贡献。

（三）经费保障

为实施"三全育人"的工作理念，高校要制定一系列质量保证体系规划，依据规划目标体系，细分落实目标体系下的各项工作任务，制定修改工作方案与实施细则，以落实改进为重点，统筹经费投入与条件保障，优先保证高水平人才质量输出的教学条件、资源建设及其综合改革的需要。实施"三全育人"工作理念，无论是硬件设施的建设，还是软件服务的提供，以及教职工的培训等各个方面，都需要经费的保障。只有经费到位，才能够保证"三全育人"工作理念的有效实施，推动学生全面发展，提高教育质量。

高校必须坚守"三全育人"的工作原则，以"十大体系"为支柱，加强财政保障，深入研究和解决当前高校思想政治工作中存在的问题，例如，发展的不平衡性和不充分性，从而有效推动知识教育、能力培养和价值观塑造的有机结合，为"三全育人"工作实现全面贯通提供支持。高校需要增加对"三全育人"工作的财政投入，设立专门针对"三全育人"的专项资金，并确保这些资金专用于思政工作和学生发展方面，为"三全育人"体系提供坚实的财政保障。设置专门的预算项目，建立专门针对党建和思想政治教育的研究主题和课程改革项目，支持思想政治工作队伍结合实际工作开展理论研究和实践探索（见图 3-10）。

争取国家经费扶持　　　争取当地政府经费支持　　　高校自身筹措经费

图 3-10　新时代高校实施"三全育人"的经费保障措施

1. 争取国家经费扶持

其一，高校需要积极争取国家的财政拨款和政策支持，这对"三全育人"工作的经费保障至关重要。高校应该充分利用国家财政资金的引导性作用，通过设立高校"三全育人"专项经费拨款机制，为高校的育人工作提供强有力的支持。

其二，高校应努力争取扩大收费自主权，以提高"三全育人"建设经费的投入和保障水平。

2. 争取当地政府经费支持

地方政府的财政拨款对很多高校，特别是地方高校"三全育人"建设经费的保障起到了关键作用。高校应该与当地政府建立紧密的联系，以多层次、多渠道的方式进行合作，获得地方政府对高校发展经费投入的更大支持。

3. 高校自身筹措经费

高校自身也要承担起"三全育人"经费保障的重任。高校需要更新观念，紧跟时代步伐，树立开放办学的理念，加强与其他科研机构、高校、企事业单位的交流合作，积极寻找各种筹措办学经费的方式，减轻对政府财政拨款的依赖。只有这样，高校才能逐步建立起一套行之有效的"三全育人"经费筹措和保障机制，并确保经费来源的合法性和制度化。

第四章 新时代高校"三全育人"实施要素

新时代高校"三全育人"的实施是一项系统工程，本章将从环境、内容和方法三个方面，深入探讨新时代高校"三全育人"实施要素，以期提供一个全面、深入、细致的视角，让读者深刻了解"三全育人"工作在新时代中如何实施。这些要素并不是孤立的，它们相互关联，共同构成了一个完整的"三全育人"实施框架。

第一节 新时代高校"三全育人"的环境

在信息化时代的浪潮下，我国高等教育面临许多的机会和挑战。高校不仅是思想政治教育的重要场所，也是培养高素质人才和适应社会主义需求的后备力量的重要基地。然而，这一育人职能的有效实现，在很大程度上取决于内部的精神文化和制度文化，以及外部的物质环境的影响。因此，理解并科学地构建一个坚实有效的育人环境是实现"三全育人"理念的关键。高校必须深入了解"三全育人"的各种实施环境，设计出切实可行的策略，以应对信息化时代带来的机遇和挑战。

一、新时代高校"三全育人"环境的特点

新时代高校"三全育人"环境是一个多元化、多层次的综合体系，

它包含一切可能影响学生思想的外部因素。这一环境既包括物质元素，如学校的地理位置、建筑布局、实训楼、图书馆、餐厅、运动场地、宿舍等；也包括精神元素，如学校的精神风貌、教学方式、学习风气、学术和舆论环境等。这两方面是相互辅助、相互补充的，两者缺一不可，共同构建了独特且具有鲜明特色的教育环境。如果高校想要创造一个有利于教育发展的育人环境，就需要从多个角度出发，采取综合性的管理手段，确保育人环境的全面性和高效性。

新时代高校"三全育人"环境的特点（见图4-1）。

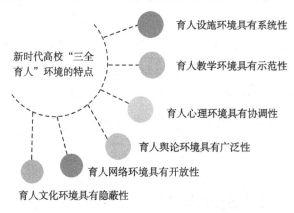

图4-1　新时代高校"三全育人"环境的特点

（一）育人设施环境具有系统性

不同大学的校园设施在某种程度上存在相似性，但每个大学的具体设施，如教学楼、食堂、宿舍、实验室、图书馆、运动场等，都受到该校自身发展状况和经济基础的影响，因而各具特色。这些设施的配置和管理是对学生全面素质培养的基本保障，也是高校基本形态的重要组成部分。这些设施并不是独立存在的，它们之间相互联系，共同构成了高校的教育生态环境。例如，图书馆是提供知识资源的场所，实验室是提供实践操作的场所，宿舍为学生提供安静的休息环境，这些设施环境协调而有序，共同满足了学生的学习和生活需求。

这些设施在一定程度上反映了经济社会的发展水平，同时揭示了一个国家或地区对教育的投入和重视程度。从更深层次上看，这些设施反映着高校的发展理念和侧重点。例如，一个注重科研的学校可能会投入更多资源建设科研实验室；一个注重实践教学的学校可能会优先发展实训基地。系统性的育人设施环境决定了高校的教育理念和实践，也对学生的全面发展具有深远影响。随着社会的发展和科技的进步，高校的育人设施环境也需要不断地进行更新和优化，以适应新的教育需求和挑战。

（二）育人教学环境具有示范性

高校的教学环境不仅是学生学习知识的重要场所，更是学生塑造价值观、培养品行和引导生活方式的重要载体。教师可以通过言传身教的方式向学生传授学科知识，也可以通过自身的行为举止和处事方式，道德修养、行为规范、情感态度和生活风格等对学生进行无声的教育。

育人环境的示范性不单单是针对专业教师而言的，其他教育管理者对学生的道德品质养成同样具有重要影响。他们都是学生参照和模范的对象。因此，校园中的每一位工作人员，都应承担起育人的责任，发挥自身所在岗位的特性，塑造全员参与、全程覆盖的育人环境，努力为学生创造一个积极向上、充满关爱和引导的思想氛围。

（三）育人心理环境具有协调性

高校的育人心理环境，作为学生思维与情感交织的内在空间，具有明显的协调性。这种协调性主要体现在高校环境对学生心理状态的积极引导，以及高校教育者与学生之间互动和协商过程中形成的心理氛围。

育人心理环境是一个极其重要的人际交往场所，是学生个体行为、情感和认知生成、发展和变化的重要载体。在这个环境中，学生能够感知到来自教师、同学、学校乃至整个社会的各种信息，这些信息会影响他们对自己和外部世界的认知、评价和行为反应。而高校教育者需要通过积极的教育实践，引导学生建立和维护良好的人际关系，解决矛盾冲突，以此来协调学生的内心状态，形成良好的心理环境。

高校育人心理环境的协调性还体现在对学生个体差异的认知和尊重上。每个学生都是独特的，他们的性格、兴趣、需求和发展路径都有所不同。因此，高校教育者要有意识地提供支持和帮助，调动学生的积极性和主动性，尊重和接纳他们的差异性，协调他们的个体和群体需要，形成包容性和多元性并存的育人心理环境。

（四）育人舆论环境具有广泛性

高校的育人舆论环境贯穿学生的学习生活，其影响范围广大，形式多样，内容丰富。舆论环境不仅是信息的传播载体，也是情感的交流平台，对学生的思想观念、价值取向、道德行为等方面具有深远影响。

高校的舆论环境包含广泛的信息源。这些信息源可以来自学校的官方渠道，如校园广播、公告栏、学校网站等；也可以来自教师和同学的交流互动，或是社团活动、学术研讨等。随着社会媒体和网络的发展，学生也可以通过网络获取来自社会甚至全球的信息。这种广泛性使学生能够接触各种不同类型、不同角度的信息，增强了他们的视野和认识。此外，高校的舆论环境涵盖了学生的各个生活领域。无论是学术研究、社团活动，还是生活琐事，甚至是国内外的大事，都可能成为学生们讨论的话题。这种广泛性使学生能够通过交流讨论，进一步加深对自己所学知识的理解，拓宽了他们的思维，也能培养他们对社会事务的关心和热情。

广泛的育人舆论环境使学生能够在信息的海洋中不断学习、成长，也使他们有机会通过讨论、交流、表达，形成自己的观点和见解，提升自己的人格魅力和社会责任感。

（五）育人网络环境具有开放性

在当今这个信息化社会，网络环境成了人们获取信息、表达观点、建立人际关系的重要平台。对于高校来说，它的网络环境在育人过程中的角色日益显著，尤其体现在其开放性上。开放的网络环境，能为学生提供获取各类信息的平台。这种平台不仅局限于专业课程和学术研究，也包括生活资讯、社会新闻、国际观察等。在这里，学生可以接触到与自己专业相关的最新动态，了解世界各地的文化和生活，提升自身的知识储备和全球视野。开放的网络环境，还是学生表达自我、交流想法的场所。网络平台上不设界限，不分身份，每个人都可以自由发表观点，分享感悟。学生们可以在这里进行思想碰撞，互相学习，也可以将自己的创新思维和独特见解传播出去，影响更多的人。此外，开放的网络环境也为学生提供了一个展示自我、实现自我价值的舞台。在开放的网络世界中，学生可以通过各种方式，如写博客、发视频、创作音乐等表达自己，实现自我价值。他们的作品和创意可以迅速传播到全世界，得到来自各地的回应和认同。

然而，网络中充斥着形形色色的信息，其中既有能够鼓舞和激励人们的有益内容，也有可能带来负面影响的消极信息。因此，高校需要更多地关注并加强网络道德教育的推进。高校可以通过运用各种网络和视听技术，侧重学生关心的学习、生活、心理健康、就业以及人际关系等方面的内容，积极地利用微博、微信、QQ 群等新媒体平台，展开深入的思想教育工作。同时，高校需要致力创建一个清洁、健康的网络环境，如策划并组织网络"环保"行动，培育一支既具备高水平的政治理论素养、熟悉思想政治教育，又具备网络技术能力的管理团队。他们的目标应该是利用积极健康的思想文化来占领网络空间，同时清理和净化校园网络环境，实施"网络清洁行动"。为进一步推进网络道德教育的建设，高校应帮助并引导学生提高自我约束能力，自觉排斥和抵制不良信息。高校要坚持网络管理与建设并行，使育人工作由被动的"灌输式"转变为主动的"渗透式"，激发学生从听从到参与的主动性，让他们成为网络环境建设的积极参与者。

（六）育人文化环境具有隐蔽性

育人文化环境对学生的影响往往以微妙、难以察觉的方式进行。文化环境不仅包括学校的教学理念、学术氛围、师生关系，还包括学生的日常行为规范、社团活动以及校园传统等。育人文化环境的隐蔽性主要表现在两个方面：一方面，文化环境是潜移默化的，它无时无刻不在塑造学生的价值观、世界观和人生观，但这种影响却往往是无形的、无意识的，而且是长期的。在日常的学习、生活中，学生可能并没有意识到自己正在被这个环境塑造，但事实上，他们的思想、情感和行为却在不断地受到影响，逐渐形成一种习惯、态度甚至是一种人生观。另一方面，文化环境的影响是全方位的、无处不在的。它不仅包括明显的学校规章制度、教育教学活动，也包括隐蔽的校风、师资素质、学生自身素质，甚至是校园环境等各个方面。它将学生全方位地包围，使学生在任何时间、任何地点都处在这个环境的影响之下。

高校应该做好校园文化建设，构建良好的育人文化环境。校园文化建设是一种强大的社会力量，能够引领学生实现道德转变和思想引领。物质文化环境，如校园内的雕塑、景观道路、艺术标志以及绿化环境等，都是其重要组成部分。它们通过以艺术的方式展现学校的精神象征和文化价值，无声地影响着学生，与他们的内心世界产生共鸣。校园文化建设还通过精神文化活动，如校园文化活动、主题讲座、社会实践活动、社团活动和第二课堂等，提供丰富的教育资源。这些活动是道德精神实践的具体体现，它们塑造学生的道德认知，激发他们的社会责任感。因此，高校应该结合时代的特点，利用重要的纪念日，如建党节、国庆节、五四青年节等，有序、有目的地开展各类主题活动。通过这些活动，传播爱国主义精神，使学生深刻记住历史，提升他们的社会责任感。这样的教育方式既立足于现实，又寄望于未来，是育人文化环境隐蔽性的具体体现。

二、新时代高校"三全育人"环境的作用

（一）协同作用

新时代高校"三全育人"环境的协同作用，实际上是指多个层面和维度的育人环境元素相互作用、互相影响，共同促进学生全面发展的效果。这种协同作用在于，各种环境因素并非孤立存在，它们之间存在相互关联和影响，共同构成了学生成长的大背景。就像一个生态系统，每个元素都有其独特的作用，同时影响着整个系统的运转。在具体实践中，物质环境、精神环境、网络环境以及文化环境等，相互交融，协同塑造了一个全方位的育人环境。例如，物质环境的优化可以为学生的学习和生活提供良好的外部条件，精神环境则从内在激发学生的积极性和主动性，网络环境使学生能够适应信息化时代的需求，文化环境则通过丰富的校园活动和积极的思想引导，对学生的精神世界进行滋养。在这样的环境中，学生能够体验到来自多个方面的教育影响，从而实现全面发展。这种协同作用确保了新时代高校"三全育人"理念的实现，有助于培养出适应社会发展需求的高素质人才。

（二）教育作用

新时代高校"三全育人"的环境不只是提供一个学习和研究的场所，而是一个可以塑造和影响学生价值观、人格形成和精神风貌的生态空间。教育并非只在教室里进行，而是无处不在、无时不有。

高校可以通过整齐优雅的学校环境和富有生机的精神氛围，实现教育学生、熏陶学生情操、塑造学生性格的目的。相对其他的教育方式，

环境育人实现其教育目标的方式是隐秘而微妙的。例如，高校可以通过设立校园内的创始人雕像或成就突出的校友雕像、学校历史展示栏、校友介绍以及名人名言等，让学生感受到学校悠久的发展历史。高校可以通过设立宣传板，宣传学校的办学理念和教育风气，显示出学校对高品质教育的追求。高校还可以通过设立名师榜、光荣榜等，营造向上向善、争做模范的良好环境。

（三）持续影响作用

新时代高校的"三全育人"环境对学生的成长具有深远的持续影响。不断优化的育人环境，能够为学生的生活和学习提供持久的动力。在良好的育人环境中，学生不仅能够得到知识技能的提升，也能够在道德、情感、价值观等方面得到全面的成长。而且，这种影响并不会因为学生毕业而结束，而是会持续伴随他们的整个生活，成为他们未来社会生活的重要引导力量。

三、新时代高校"三全育人"环境的优化措施

（一）打造积极的校园文化环境

为优化"三全育人"环境，高校应打造积极的校园文化环境，深度理解和把握校园文化环境的内涵，实现从物质文化、制度文化到精神文化的全面提升。

在优化新时代高校"三全育人"环境的过程中，营造积极向上的校园风气至关重要。这是因为校园风气作为学校内部环境的重要组成部分，直接影响着学生的行为和心态。一个积极向上的校园风气，能激发学生的学习热情，引导学生积极面对挑战，形成健康的人格特质。

高校在营造积极向上的校园风气时，应注重以学生为中心，倾听他们的声音，关注他们的需求。在实现学生个人发展的同时，还要引导他

们认识到作为社会成员的责任和义务，鼓励他们积极参与到校园生活中来。同时，高校还需要通过一系列制度建设和活动组织，进一步营造积极向上的校园风气。比如，学校可以设立各种学术竞赛和技能比赛，鼓励学生在良性竞争中提升自我，实现自我价值；或者开展一些志愿者服务活动，以此培养学生的社会责任感和公民意识。另外，教师的言行也会对学生产生深远的影响。教师们应当以身作则，传递积极的人生态度和价值观，带动整个校园形成积极向上的氛围。他们可以通过教学活动，塑造和弘扬积极向上的精神风貌，激发学生积极向上的人生态度，进而形成积极向上的校园风气。

（二）构建独特的物质文化环境

物质文化环境不仅直接影响着学生的学习和生活质量，它也是校园文化的重要载体，对于学生的成长和发展有着微妙而深远的影响。高校在构建独特的物质文化环境时，可以从校园规划设计、环境优化、校园文化建设等多个角度入手。具体来说，一是高校需要科学、合理地规划设计校园环境，注重融入本校的历史文化、学科特色、地域特色等元素，使校园环境能够充分体现学校的独特魅力；二是高校需要重视环境的优化升级，以提高学生的生活质量，如可以通过改善宿舍、图书馆、实验室等设施，营造更加舒适、有利于学生学习的环境；三是高校要积极开展校园文化建设，将学校的办学理念、精神风貌以及优秀传统等，通过各种形式具体化、物质化，如校园雕塑、历史墙、艺术装置等，使之成为影响学生思想和行为的无声教育。在实施这些策略的过程中，需要注意的是，每一所高校都有其独特的文化和特色，因此在构建物质文化环境时，应该尽可能地体现这些特色，形成鲜明的学校个性，让学生感到骄傲和归属感，激发他们对学校的热爱和对学习的热情。此外，高校还需要与时俱进，不断调整和优化物质文化环境，使之能够适应新时代的发展要求，为构建和谐、生动、充满活力的校园生活环境提供有力

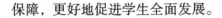
保障，更好地促进学生全面发展。

（三）搭建学校、家庭、社会联动育人环境

为优化"三全育人"环境，高校应搭建学校、家庭、社会三方联动的育人环境。在这种联动环境下，学校、家庭和社会是相互关联、互相影响的组成部分，他们相辅相成，形成了一个具有高度复杂性和动态性的育人网络。

学校是教育活动的主场，是学生学习、生活、发展的主要场所，担负着传授知识、传播文化、培养人才的重要任务。高校需要通过丰富多样的教育方式，激发学生的学习兴趣，培养其独立思考和解决问题的能力。高校应充分挖掘社会资源，加强与企事业单位的合作，拓宽学生的实践平台。在社会实践中，学生可以更好地理解社会、理解生活，将所学知识应用到实际中，也能培养其社会责任感和公民素质。因此，高校需要建立与社会的广泛联系，开展丰富多彩的社会实践活动，使学生在实践中学习，在实践中成长。同时，高校应与家长建立良好的沟通机制，形成教育合力。家庭是学生情感依托和个性发展的重要场所。家长是学生的第一任教师，他们的言行举止对学生的品格形成、价值取向等具有深远影响。因此，家庭教育的作用不能忽视。高校需要积极引导家长进行科学的家庭教育，同时加强学校与家庭的沟通，让家长了解学生在校的学习、生活状况，形成学校教育和家庭教育的良好互动。另外，高校还可以通过开展志愿服务、社区研学等活动，使学生深入社会，提升其社会责任感和服务意识。通过学校、家庭、社会的联动，可以形成一个多元化、开放的育人环境，为学生的全面发展提供更加广阔的空间，使育人工作更加科学、系统、有效，有助于培养适应新时代发展需要的优秀人才。

第二节　新时代高校"三全育人"的内容

"三全育人"立足新时代，从中国特色社会主义教育是知识体系教育同思想政治教育的结合与综合这一基本认识出发，坚持辩证统一，科学认识把握思想政治工作的定位，把促进学生成长作为学校一切工作的出发点，全面整合道德法纪教育、思想政治教育、专业知识教育、心理健康教育和实践技能教育资源，形成科学的"三全育人"内容体系。

一、道德法纪教育

在新时代的高校教育中，"三全育人"模式尤其强调道德法纪教育的重要性。道德教育要向学生传达人文精神和社会责任感，让他们理解公平、公正和诚实的重要性，帮助他们形成良好的道德品质和社会公德观念。法纪教育要让学生明确法律的权威性和公正性，理解并接受法律对个人行为的约束和规范，培养遵纪守法的习惯和尊重法律的精神。

加强大学生的道德法纪教育培养，是高校全方位落实党的教育政策，实践立德树人根本职责以及深化法治国家理念的基本需求。培养大学生的道德法纪精神，不仅是推动法治国家建设，加快建立社会主义法治国家的重要途径，也是培育社会主义繁荣者和接班人的必要手段。高校必须坚持以法治为准则，推进立法的科学化、执法的严格化、司法的公正性以及遵法的普及化，增强全民法制教育，建设社会主义法治文化，为构建公正、公平的法治社会贡献力量。高校应将焦点聚焦于培养承担民族复兴使命的新一代，通过教育引导、实践养成和制度保障，使社会主义核心价值观融入大学生道德法纪教育的各个方面，并使其转变为大众的情感认同和行为习惯。

加强大学生道德法纪教育是高校思想道德建设的基本要求。大学生是国家的未来，是民族的希望，加强和完善大学生的思想政治道德建设，提升他们的思想政治素质，将他们塑造为具有中国特色的社会主义建设者和接班人，对实现中华民族伟大复兴的中国梦具有深远而重大的意义。加强大学生的道德法纪教育，也是推动社会全面进步和实现人的全面发展的前提。教育的根本目的在于推动人的全面发展。道德法纪教育是人的综合素质的重要组成部分，高校不仅要关注学生专业技能的提升、语言沟通能力的增强、创新创业能力的培养，更要重视他们的日常言行举止、规章制度的遵守以及法纪观念的培养。只有实现人的全面发展，高校才能推动社会的全面进步，让精神文明建设走向新的高度。

在新时代的高校教育中，加强大学生道德法纪教育的措施（见图4-2）。

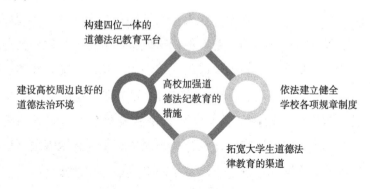

图4-2 高校加强道德法纪教育的措施

（一）构建四位一体的道德法纪教育平台

在大学生的个人成长过程中，家庭、学校和社会都发挥着无可替代的作用。若任何一个环节在道德法纪教育的投入与关注上存在疏漏，都可能导致大学生对道德法纪的理解和实践出现偏差，从而影响他们健全的成长过程。因此，构建一个全面覆盖"社会—家庭—学校—个人"四位一体的道德法纪教育平台，对于强化大学生的道德法纪教育具有十分重要的作用。在这一教育平台中，社会扮演着至关重要的角色，应该对大学生的道德法纪教育给予足够的重视，深入贯彻社会主义核心价值观，营造有利于大学生全面发展的和谐社会氛围。此外，家庭是大学生道德法纪教育的基石，家长作为孩子的第一任教师，不仅要重视孩子的专业技能提升，还需要为孩子的道德修养和法纪教育铺平道路。高校作为知识的殿堂和人才的摇篮，在培养大学生的职责中，不仅要注重学生的思想政治教育，还要以培养具有道德、智慧、体质、美感和劳动技能等全方位能力的新时代大学生为己任。同时，学生个人需要意识到道德法纪教育的重要性。他们应该具备对法律的深刻理解和尊重，了解自己的权利和义务，并能够在遇到问题时，知道如何保护自己的合法权益。

（二）依法建立健全学校各项规章制度

高校应依法制定各类管理规定和行为准则，既要关注大的方针政策，也要注意日常生活中的细节问题。《大学生守则》是由学校根据国家法律法规制定的一套规章制度，旨在引导学生的行为，保证他们的行为符合规定，形成良好的学习和生活习惯，从而成为优秀的大学生。然而，大学生作为一个多元化和个性化的群体，有时可能会出现违反规章制度的行为，如"夜不归宿""考试作弊"等。这样的行为如果得不到有效矫正，可能会演变成不良习惯。因此，为了全面落实党的教育方针，更好地服务学生的全面发展，高校必须建立一个全员参与、全程覆盖、全方位教育的体系。在这个体系中，高校要重视对学生日常行为的管理，及时发现并纠正他们的不良行为，以防止他们的这些行为发展成不良习惯。同时，高校要培养学生的法律意识，让他们了解遵纪守法的重要性，形成对法律的尊重和自觉遵守。高校要实现全面、无死角的学生管理，以此督促和引导学生在学业、品行、个性等方面的全面成长。高校的目标应该是通过制定和执行有效的规章制度，使大学生能够在遵纪守法的环境中健康成长，最终成为对社会有贡献的人才。

（三）拓宽大学生道德法律教育的渠道

虽然高校常常为学生提供法律基础课程，但仅仅依赖这一途径进行法律教育效果有限。高校可以尝试通过多种方式拓展法律教育的渠道。例如，定期邀请具有丰富经验的法律专家进行专题讲座便是一种有效的方式。通过这种互动性的教学方式，学生可以将自己实际遇到的问题直接提给专家，专家可以根据这些问题进行深入地解析和讨论，使法律知识得以具体、生动的展现，从而便于学生理解和应用。此外，高校还可以利用新媒体工具，如可信的在线平台或新闻网站，对一些违法或违纪行为进行深度剖析。这样，学生可以在自己的空闲时间阅读这些分析内容，以此提升自己的法律知识和防范意识。高校可以设立专门的部门，负责安全教育和法律宣传。这个部门可以将校园内发生的典型案例整理并展示出来，以此提醒学生注意安全，增强他们的道德法律意识。

（四）建设高校周边良好的道德法治环境

高校是培育人才的重要场所，需要积极与地方政府和职能部门协同，共建和谐的校园环境。打造高校周边的良好道德法治环境，仅仅依赖高校自身力量是远远不够的，还需要公安、税务、工商等部门的协作配合。例如，公安部门可以通过巡逻、巡查等方式，加强对高校周边的治安管理，防止违法犯罪行为的发生，维护学生的人身和财产安全。税务、工商等部门则可以对高校周边的商业活动进行规范，保证学生消费的合法权益。同时，为了更好地服务和保护学生，许多高校已经配备了专门的警察人员，他们的联系方式在校园内是随处可见的，这样学生在遇到问题时，可以迅速找到他们求助，确保问题能得到及时处理。另外，高校也要注重对大学生进行网络安全教育，引导他们增强网络责任意识，抵制不良信息的侵扰。高校要通过开展丰富多样的教育活动，让学生明白网络世界虽然自由，但并不是法外之地，他们应该在网络中

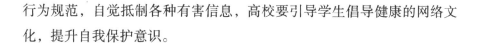

行为规范，自觉抵制各种有害信息，高校要引导学生倡导健康的网络文化，提升自我保护意识。

二、思想政治教育

思想政治教育在"三全育人"中占据至关重要的位置。大学生的思想政治教育以习近平新时代中国特色社会主义思想作为行动指南，坚定不移地坚持党对意识形态的领导，探索将"凝魂聚气"与"教书育人"相结合的新模式，旨在培养一批具有坚定的理想信念、优良的政治素养和深厚的理论知识的社会主义事业建设者和接班人。

（一）坚持立德树人的教育方针

立德树人是我们国家的核心教育指导思想，同时是教育的根本宗旨。在制定思想政治教育的目标、内容和任务时，高校必须全面考虑我国的实际情况，根据我国的政治、经济、社会和文化背景，制订切合实际的计划。在执行思想政治教育过程中，高校不能脱离当下社会的具体环境，必须清晰认识社会对人才的需求，根据社会人才形势进行深度分析。在保证不偏离立德树人教育方针的基础上，高校需要及时、合理且具有前瞻性地制定教育策略，并按此进行思想政治教育的实践。高校必须坚决避免思想政治教育与实际社会脱节，甚至产生冲突。"三全育人"模式的构建，正是为解决思想政治教育效果不足和明确新时代德育发展方向而提出的教育方法。"三全育人"教育模式以解决实际问题为出发点，既符合国家立德树人的教育方针，也切合我国当前的国情。因此，坚持立德树人的教育方针，是协调和处理各种矛盾，形成思想政治教育合力的关键一步。

（二）思想政治教育应与国情特色相结合

强调思想政治教育应与国情特色相结合的原因主要有以下两方面：

一方面，教育本质上是一种社会实践活动，其内容和形式必然受到一定社会背景和特定文化环境的影响；另一方面，不同的国家和社会在经济发展水平、文化传统、政治制度以及价值观等方面都有着明显的差异，这种差异决定了不能机械地复制和移植其他国家的教育模式和内容，而需要根据自身的实际情况进行合理的调整和创新。

我国作为一个拥有数千年历史和深厚文化底蕴的国家，自古就有"有教无类"的教育传统，强调因材施教，因时制宜。同时，我国还是社会主义国家，坚持马克思主义作为国家的指导思想，始终以人民为中心，以社会主义建设为主题。这就决定了我国的思想政治教育应传承优秀的传统文化，坚持马克思主义的基本原则，同时应结合新时代的实际需求和发展目标，进行创新和发展。

在具体实施过程中，高校的思想政治教育要立足当前的国情特色，以习近平新时代中国特色社会主义思想为指导，紧扣"四个意识""四个自信""两个维护"的实践目标，深入挖掘中国传统文化中的优秀元素，结合当代中国特色社会主义建设的实际，研究制定出符合我国特色的教育内容和方式。通过这种方式，让学生在学习中真正理解和掌握马克思主义中国化的最新成果，真正认识和理解中国特色社会主义的伟大实践，真正认识和理解中华民族伟大复兴的中国梦，以此为自己的发展定位，为实现中华民族伟大复兴的中国梦做出贡献。

（三）思想政治教育应与时代精神相融合

思想政治教育的内容是由教育者在特定社会背景下，有目标、有计划、有组织地传递给受教育者的，具有时代精神和价值的政治观念、思想理念和道德规范等。这些内容必须始终展现出时代精神的烙印，强调时代问题，反映时代的特色。

时代精神，是指在一定时期内，社会大众普遍接受和认同的、反映社会进步方向和价值追求的精神状态和价值观念。这种精神和观念通常是由一系列重大的社会历史事件、科技进步、文化运动等共同塑造的。时代精神并不是静止不变的，而是会随着社会变迁、科技发展和文化转变而演进的。例如，进步、开放、创新、包容等可能被视为现代社会的时代精神。在不同的国家和文化中，时代精神的表现也可能会有所不同。在我国，习近平新时代中国特色社会主义思想被认为是新时代的精神纲领，反映了中国特色社会主义事业发展的新时代精神。这种时代精神主张坚持和发展中国特色社会主义，实现中华民族伟大复兴，推动构建人类命运共同体，展现了为人民谋幸福、为民族谋复兴、为世界谋大同的坚定信念和决心。

为了有效地推动思想政治教育与时代精神的融合，高校需要从理论与实践、传统与创新，以及全球视角与本土视角等多方面进行深入探索和有效实践。理论学习是重要的基础，高校需要让学生明确了解习近平新时代中国特色社会主义思想，理解其深刻内涵，感知其时代价值。与此同时，高校也应该教育学生去理解和把握当前时代精神的本质，弘扬和传承其积极成分，这样才能让学生在理论学习中感受到时代精神的鲜活内涵。实践活动是关键途径，高校可以通过各种主题的社团活动、实践研学、社会实践等方式，让学生在具体的实践中体验和感受时代精神，同时让他们更好地理解和应用思想政治教育的理论知识。例如，在环保活动中，学生可以实际感受到绿色发展的重要性，体验"绿水青山就是金山银山"的深刻含义。此外，创新教育是推动融合的重要手段，高校需要运用现代教育技术，结合新媒体、网络平台等新兴通信手段，以新的教学方式将思想政治教育与时代精神有机融合，以吸引学生的兴趣和激发他们的学习动力。全球视角与本土视角的结合是融合的重要路径，高校需要教育学生在树立国际视野的同时，了解中国的国情、社会变革和民族文化。高校应该引导学生在理解世界多样性的基础上，坚持中国特色社会主义道路。

（四）思想政治教育应符合当代青年特点

思想政治教育要有针对性地对接当代青年的特点，以此确保教育的效果并促使其理解和接受所传递的核心价值观。当代青年是信息爆炸的一代，他们在互联网的世界里游刃有余，接触到丰富多元的信息和观点，这使他们的思想活跃，对社会问题具有敏锐的洞察力。然而，这也带来了一些挑战，如信息真假难辨，价值观念冲突等。面对这种情况，思想政治教育需要在内容和方式上都进行适应及调整。内容上，教育需要深入青年的实际生活中，关注他们关心的问题，针对他们在信息洪流中可能出现的迷茫和困惑，提供正确的引导和答案。方式上，教育需要利用当代青年熟悉和喜爱的媒介和方式，如网络、社交媒体等，使教育的方式更加接地气，更容易被接受。当然，这并不意味着只有迎合青年的喜好才能进行有效的思想政治教育。尊重并理解青年的特点是基础，但更重要的是坚持价值导向，清晰地提出教师期望他们接受和践行的核心价值观。这样，思想政治教育才能在满足当代青年特点的同时，真正起到引导和熏陶的作用。

（五）思想政治教育应发挥高校地方优势

思想政治教育在高校的实施，应充分挖掘和发挥高校所在地的地方优势，与地方文化、经济、社会发展紧密结合，形成与地方特色相融合的思想政治教育实践。高校所在地的地方优势主要体现在文化底蕴、经济发展和社会环境等方面。每个地方都有其独特的历史文化传统和社会风貌，这为高校思想政治教育提供了丰富的素材和教育资源。高校可以通过开展与地方历史文化相结合的实践活动，使学生深入了解和感受本地区的历史变迁和文化精神，从而在实践中感悟和理解思想政治教育的内涵和价值。

高校与地方社会的关系紧密，地方社会的风气、环境对塑造和影响学生的价值观和行为方式有着十分重要的作用。地方社会的风气、环境往往是社会价值观和社会规范的具体表现，是影响人们行为的一种强大力量。如果一个地方的社会风气、环境是积极向上、公正公平的，那么学生很可能会受到这种风气和环境的影响，形成良好的道德品质和社会责任感。反之，如果社会风气不良，学生的思想和行为也可能会受到负面影响。因此，高校在进行思想政治教育时，应该关注地方社会的风气和环境，积极引导学生树立正确的价值观，培养良好的道德品质和社会责任感，使学生能够在实践中接受社会主义核心价值观的熏陶，形成健康的思想和行为习惯。同时，高校还应积极参与和推动地方社会的优秀风尚和环境建设，为进行有效的思想政治教育创造良好的社会条件。

三、专业知识教育

专业知识教育是"三全育人"的重要组成部分，是对学生专业技能的培养和对其职业素质的塑造。在信息化时代，专业知识教育的重要性得到了广泛的认同和尊重。它是职业成就的基础，更是塑造人的自我价值和实现人生目标的关键。

作为高校的根本使命，立德树人强调德育的先行地位和人才培养的核心性，从而深化对当代大学生的全面教育。在这里，"立德"是以社会主义核心价值观为指引，激发和引导学生积极参与社会实践，成为社会主义建设者和接班人。而"树人"则是坚持育人为本，通过专业教育的方式，提升学生的专业技能和素养，帮助他们成为社会需要的高素质人才。

专业知识教育并非局限于知识的传授，更重要的是通过这个过程，提升学生的家国人文情怀和科学文化素养，让他们学会运用科学的思维方式去观察和解决问题。在这个课程教学体系中，课堂教学是主要的执行场所。在这个环境中，知识的传授和价值的引领并重，通过这种双轨并行的方式，构建了一个以专业知识为主体，以提升大学生全面素养为目标的教育模式。通过这样的教学方式，高校可以更好地培养学生的综合素质，让他们在学习专业知识的同时，也能领略到科学的魅力，了解科学的价值，引导他们拥有积极健康的人文情怀，成为新一代的科学精英。

为加强专业知识教育，高校应从以下几个方面入手（见图4-3）。

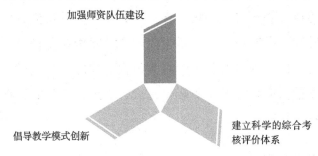

图4-3　高校加强专业知识教育的主要策略

（一）加强师资队伍建设

教师在教学过程中扮演着至关重要的角色，尤其在理论教学中，教师的专业素质和教学能力对提高教学质量和提升学生能力都有着决定性的影响。因此，加强师资队伍的建设，提升教师的专业能力和教学水平，不仅能更好地满足教学需求，也有利于提升学生的学习效果和科研技术水平。为此，高校应不断引进和培养专业的教师团队，提升其专业教育能力，注重教师的继续教育和培训，使他们能够随着时代的发展更新知识、提升教学方法。此外，合理的师资配置也非常重要。高校需要根据学科专业的特点和学生的学习需求，制定科学合理的师资配置方案。在实际操作中，高校可以引导教师在提升自身教学水平的同时，更有效地开展教学活动，满足学生对专业知识的深度和广度的需求，从而提升教学质量。高校应当鼓励教师们进行科研活动，积极参与国内外的学术交流，以保持对专业知识的前沿理解和独到见解。这将有助于他们在课堂上将最新的科研成果和先进的理论知识带给学生，激发学生的学习兴趣和研究激情。加强教师团队的建设还要求高校关注教师队伍的精神风貌和教育教学观念的培养，尊重教师的教育实践，鼓励他们进行教育教学改革和创新，让他们在教书育人的过程中实现自我提升，构建和谐的教育生态环境。

（二）倡导教学模式创新

在高校专业知识教育中，推动教学模式的创新，已经成为改革与提升教育质量的重要途径。专业知识教育的主要目的是通过专业课程，使学生能掌握所学专业的基础理论、基本知识和基本技能，能培养学生的科学思维能力、实际操作能力和创新能力。为了实现这一目标，高校需要倡导并实施多种创新的教学模式。目前，传统的说教式教学模式已经无法满足现代学生的学习需求。学生需要的是能够引发他们兴趣，激发他们思考，提高他们解决问题能力的教学模式。因此，将多元互动式教学、案例教学、讨论式教学、翻转课堂等新型教学模式引入专业知识教育中，可以在提高学生学习兴趣的同时，增强他们的学习主动性和参与性。多媒体教学和仿真教学的应用，也可以使专业知识教育更具吸引力。这种新型教学模式是利用现代化的科技手段，以直观、生动的方式展示复杂的专业知识的授课方式，有助于增强学生对专业知识的理解和记忆。例如，计算机科学和工程专业的学生，可以通过仿真软件进行实验，这种教学模式不仅能丰富他们的理论知识，而且能提高他们的实践能力。对于教师而言，教学模式的创新不仅是教学手段的改变，更重要的是教学理念的更新。教师需要从学生的角度出发，设计和实施教学活动，而不仅仅是单纯的知识传授。教师应积极地引导和鼓励学生主动参与到课堂活动中，充分调动学生的学习热情和积极性，使教学活动真正成为学生学习、思考、创新的过程。

（三）建立科学的综合考核评价体系

在专业知识教育中，建立科学的综合考核评价体系的重要性在于，它超越了传统评价体系中过度依赖单一的考试成绩，而是全面考查学生在理论知识、实践技能、创新思维、团队合作等多方面的能力，更全面地反映了学生的综合素质。这样的评价体系能更好地激励学生积极学习，提升自身能力，不仅能培养出理论扎实的学习者，更能造就具有实践和创新能力的专业人才。

为了建立科学的综合考核评价体系，高校应在多个层面进行探索和改革。高校应以学生的能力培养为出发点，构建涵盖理论、实践、设计等多个方面的评价指标，确保评价的全面性和科学性。高校应该引入更加灵活多元的评价方式，如进行期末总结报告、团队项目、学期论文等，从而更真实地反映学生在专业学习中的表现。此外，综合考核评价体系应有明确的导向性，即让学生明确知道他们需要什么样的能力和素质，才能达到期望的学业目标。高校应将过程性评价与结果性评价相结合，注重对学生学习过程的观察和反馈，同时关注学生的学习成果。科学的综合考核评价体系不仅可以激励学生在学习过程中持续提升自我，也有助于教师了解学生的学习情况，调整教学策略。

四、心理健康教育

心理健康教育在"三全育人"教育理念中占有重要地位，对个体的整体发展有着重要影响。心理健康是学生全面发展的基石，直接关系到他们的学习能力、人际交往、生活态度以及未来的发展方向。只有在心理健康得到充分保障的前提下，学生的专业知识、社会技能以及思想道德才能得到全面提升，这与"三全育人"理念的精神内涵相吻合。"三全育人"的理念被运用到心理健康教育的各个层面，它为我们解读和研究现阶段高校学生心理健康教育问题提供了一个科学和全面的分析框架。从全员的角度看，心理健康教育不仅需要教育者的专业指导，也需要全社会的共同参与。家庭、学校、社会应当共同建立起一个积极健康的心理环境，帮助学生树立正确的价值观，培养健康的人格，提高抗压能力。从全程的角度看，心理健康教育需要贯穿学生的学习和生活，从他们刚刚步入校园的那一刻开始，直到毕业离校。在这个过程中，教育者要关注学生的心理变化，及时进行干预和指导，帮助他们建立良好的心理应对机制。从全方位的角度看，心理健康教育应该全面关注学生的心理需求，无论是对学业压力的应对，还是对人际关系的处理，或者对未来的规划，都需要教育者提供必要的心理指导和支持。"三全育人"不仅是解决大学生心理健康教育问题的策略，也是建立新时代大学生心理健康教育模式的有效途径，它为我们开启了一种全新的、科学的心理健康教育模式。

大学生心理健康教育涵盖了辅导、预防、干预和咨询等多个领域，其目标是帮助学生建立和维持心理健康，促进其学习和发展，帮助他们更好地适应大学和生活的挑战。大学生正在经历许多新的生活和学习压力，如适应新环境、建立新的社交关系、处理学术压力，以及处理未来职业规划的压力等。这些挑战可能对他们的心理健康产生影响。因此，心理健康教育需要帮助他们了解和识别心理压力，并提供有效的应对策略。大学生心理健康教育致力在学生中培养积极的心理品质，如自尊、自信、自我效能感等，以及人际交往、困难应对、情绪管理等生活技能。这些都是学生未来成功的重要组成部分。此外，大学生心理健康教育也包括针对心理健康问题的早期干预和咨询服务。例如，为遭受情绪困扰或有自杀倾向的学生提供及时帮助；为有社交障碍或者情绪问题的学生提供专业的心理咨询服务。大学生心理健康教育旨在建立一种健康的学习和生活环境，让学生在充满挑战的大学生活中保持良好的心理状态，有助于他们实现学习目标，以及在毕业后更好地融入社会，成为一个有着良好心理素质的现代公民。

五、实践技能教育

提高学生的专业理论综合素质和实践创新能力是教育的核心目标，为此，高校应该致力提高专业理论教育与实践教育相结合的教学模式，将课程知识与实践经验进行有效整合，从而逐步实现对学生的全面教育，包括爱国主义、发展观、哲学辩证思维、品格和毅力、科学素养、对社会规则和秩序的理解以及安全意识七个方面素养能力的塑造。

新时代高校实施实践技能教育，应主要从以下几个方面入手（见图 4-4）。

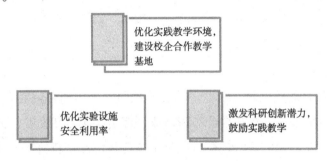

图 4-4 新时代高校实施实践技能教育的主要策略

（一）优化实践教学环境，建设校企合作教学基地

实践教学在高校教育中经常被视为一个短板，特别是对于大量工科学生而言，他们的实践操作技能往往只停留在实验室课程的层面。只有少数学生有机会深入工厂和车间，研究和学习实际生产中使用的设备以及解决生产过程中遇到的问题，真正实现理论和实践的结合。为解决这一问题，企业与高校的联合教学基地建设成了理想的选择。高校可以在这些教学基地开展实践教学课程，让学生直接在工厂内进行学习。同时，企业面临的技术问题也可以通过高校平台找到解决方案。这种教学方式不仅能提升学生的综合能力，也为学校的培养模式、企业的问题解决以及人才招聘提供了更为理想的路径。更重要的是，这种方式为学校

与企业间的技术转移提供了更加完善的合作平台。

（二）优化实验设施安全利用率

高校中的主要实验室和大型实验设备在基础教学过程中常常没有得到充分利用，这既是资源的浪费，也影响了学生的实践学习。高校应该鼓励学生参与科研活动，学习如何使用大型设备，并安排专业教师或设备工程师进行系统性的教学，以提升设备的使用效率并强化安全管理。通过对大学生的学习进行考核，使他们于通过考核后可以在课外学术科研中使用大型检测设备进行实验，这将极大地提高学生的实验技能和实践操作能力。

对于不同的实验室，高校应实行不同的规范化管理和安全责任制。在学生进入实验室之前，高校需要对他们进行安全规范的培训，并在实验期间定期检查他们的安全防护工作。对于危险设备和危险试剂，高校需要进行统一管理，以确保学生在实践操作中的安全，并尽力避免安全事故的发生。

（三）激发科研创新潜力，鼓励实践教学

实践教学活动应该将学习与研究深度融合，实现生产与科研的一体化，以培养学生的实践创新能力。高校应该鼓励学生参与教师的科研项目，并支持他们申报各类项目和参与各项竞赛，以最大限度地提高他们的自主创新能力和自主学习能力。通过参加各种实践大赛，学生可以学习使用各种专业模拟软件，不仅可以丰富他们的课余活动，也可以增加他们的知识储备和提高他们的软件操作能力，这对提升学生的综合能力非常重要。在教师的科研项目中，学生可以通过实验操作更好地理解在课堂上学到的知识，并在理解的基础上增强他们的动手能力，使他们能够在未来的工作中更快地适应工作岗位的要求。

在当今社会，高技术人才的培养一直是我国教育的重要任务。为了培养出能满足国家和社会需求的高级应用型技术专业人才，高校应该重

视学生的基础技能和操作技能的培养，提高学生的实践创新能力，并使他们能够将课堂和书本上学到的知识应用到实际工作和生活中。尽管传统的高校教育模式和教育方法存在一些问题，但目前的教育改革正在逐步解决这些问题，并对学生实践能力的培养赋予了更多的关注。新的教学体系将理论学习与实践操作紧密联系在一起，使教师的主导地位和学生的主体地位更加明确，促使学生的理论知识和实践操作能力得到有机结合，从而全面提升学生的综合素质。

第三节　新时代高校"三全育人"的方法

在实施"三全育人"过程中，方法的选择至关重要。高校只有运用恰当的育人方法，才能提高学生的思想认识，培养学生的道德素养，获得良好的育人效果。一般来看，"三全育人"的方法主要有说服教育法、案例教学法、榜样示范法、情感陶冶法、实践锻炼法等。

一、说服教育法

（一）说服教育法概述

说服教育法是一种常用的教育方法，主要是通过语言表达、理性解释和道理阐述来达到教育目的。这种教育方法强调以学生为中心，以学生的理解和接受程度为依据，帮助学生理解并接受教育者所传授的知识和价值观。说服教育法的实质是一种理性交流和对话，它鼓励教育者用合理、有逻辑的方式去解释事物，用充足的事实和理由去说服学生。教育者应充分尊重学生的认知水平和主体地位，鼓励学生自主思考，引导学生在理解中接受，避免强制和一味灌输。

说服教育法主要有两个特点：一是强调以事实和逻辑为基础进行教

育,用逻辑和理性来说服人;没有基于事实的理性阐述,教育的效果将大打折扣。二是着重引发学生的主动性和自觉性。若无法激发学生主动接受教育,自我思考并在实践中落实教育理念,那么教育的效果将受到影响。

在进行思想教育工作时,教育者主要解决的是思想和认识的问题。解决这些问题,必须采用民主、讨论和说服教育的方法,即基于事实讲道理,理性说服人。从认识论的角度上看,客观事物本身的发展有一个逐步揭示的过程,人们对事物的认识也存在着由表浅到深入,由不全面到全面的过程。因此,面对人们在认识和改造世界过程中可能出现的各种思想认识问题,教育者应避免采取过于强硬或简单粗暴的手段,而应以耐心和启发式的方式进行教育,帮助他们逐步提高思想认识水平。从教育对象的性质上看,大学生是独立的个体,每个人都有独立的思维方式和学习风格。因此,教育必须借助民主和说服教育的方法来进行,这样才能更有效地满足他们的独立性和主观能动性,从而实现教育目标的达成。在大学生教育中,说服教育法尤为重要。因为大学生的思维更为独立,对知识和信息的接受能力更强,通过说服教育法可以有效引导大学生形成正确的价值观和世界观,提高他们的综合素质和社会适应能力。

(二)"三全育人"对说服教育法的运用要求

说服教育是一项充满挑战且极其复杂的任务。"三全育人"工作要求教育者在运用说服教育法时,应做到以下几点(见图4-5)。

图4-5 "三全育人"对说服教育法的运用要求

1. 理解和掌握理论知识

在思想教育过程中，论证和说理是关键，是打开人们思想的钥匙。无论是在演讲中，还是在面对面的对话中，说理都是必要的。可以说，党的思想教育工作，在某种程度上就是以理服人的过程。为了能够做到以理服人，教育者自己必须理解和掌握这些理论知识。因为说理的核心就在于"理"，只有具备足够扎实的理论知识，教育者才能有足够的信心和力量去说服他人。如果教育者自己没有深入学习，对理论知识的理解很少或者模糊，那么教育工作将会变得浅显、肤浅，甚至可能会流于形式，这种状况是绝对不能接受的，因为这与"三全育人"的初衷是完全相悖的。因此，理解和掌握理论知识是提高教育工作说服力的关键因素，也是每位教育工作者必备的基本素质。

2. 情感交流

说服教育并不仅仅局限于知识的灌输，而是一种精神和感情的交融。感情是说服教育的心理基础，缺乏了感情，即使论点再正确，也可能难以被接受。只有通过情感的互通，理论才能富含情感，情感也才能滋生理性，从而形成情感和理性的完美交融，这样的教育才能够深入人心，得到人们心甘情愿的认可。

要实现情感的交流，首先，教育者应该对学生有充分的信任。信任是建立感情的基础，是人们在人际交往中获得平等感的关键因素。只有真心实意地对待学生，才能消除他们的防备心理，进而建立起深厚的感情。其次，教育者应尊重学生。每个人都有自尊心，尊重是打动人、鼓舞人的重要精神力量。只有尊重被教育者的尊严和人格，才能拉近教育者与被教育者之间的距离，从被动地接受教育转变为主动地接受教育，产生良好的教育反馈。最后，关心学生也是至关重要的。从思想、工作和生活的各个方面去关心和体贴学生，与他们心灵相通，帮助他们解决实际问题，这将建立起与学生之间深厚的情感联系。只有真正关心学生，学生才会将教育者视为朋友，在接受教育的过程中才能愉快地、真心实意地接受。教育者应该用同情、关心和体贴去获得学生的信任和合作，而不能用训斥、轻视、奚落或讽刺去伤害他们的自尊。实践证明，坚持以情感去打动人，用关怀去建立信任，用温暖去开启心扉，用友爱去实现情感的交流，用尊重去赢得尊敬，是"三全育人"工作成功的重要方法。

3. 有针对性

"三全育人"工作能否取得实际效果，在很大程度上取决于教育者能否根据不同个体的特点和思想问题进行个别化教学。学生在知识结构、生活经验、兴趣爱好、性格气质等多个方面都存在显著的差异，这自然导致他们的思想世界各异。因此，教育者即使掌握了大量的理论知识，如果缺乏对被教育者的全面理解，也无法有效地进行有针对性的教育。

要实施有针对性的教育，一方面，教育者必须深入了解学生的思想情况。对学生存在的实际问题，需要认真进行调查研究，避免片面理解、主观臆断，而是要实事求是，不夸大也不缩小问题，以便对问题的性质和严重程度有一个全面而准确的理解。另一方面，教育者应根据被教育者的接受程度，提出不同的要求。教育对象的思想觉悟程度、接受能力各不相同，因此不能采取"一刀切"的方式。这就需要教育者根据每个学生的具体情况，灵活调整教育方法和要求，真正做到因材施教。

4. 良好的表达能力

说服教育法对教育者的语言表达能力具有一定要求。如果教育者不能把深奥的理念以浅显易懂的方式表达出来，或者不能利用语言的独特魅力去阐述充满理性的观念，那么就不太可能实现预定的教育目标。

说服性教育的实践经验表明，教育者需要借助具体的事例来进行理论讲解，将道理融入事例之中，从而使教育内容充满思想性、知识性和趣味性。这是提升思想教育的感染力和说服力的重要策略。换言之，教育者需要有能力将抽象的理论用具体、生动的方式表达出来，使学生能更直观、更深刻地理解教育内容。这就要求教育者不仅要具备丰富的知识和深厚的理论功底，更要具备高效的表达能力和教育技巧，这也是"三全育人"工作顺利实施的必要条件之一。

二、案例教学法

（一）案例教学法概述

案例教学法是通过提供具有典型意义的真实或模拟情境，引导学生参与讨论和分析的一种教育方法，有助于培养学生批判性思维、解决问题的能力、团队合作的精神以及自我学习的习惯。这种教学法旨在倡导学生从实际出发，让学生通过分析案例，对学习的理论知识进行实践应用，并从中获得深层次的理解。案例教学法的主要优势在于其能够让学生将抽象的概念和理论知识与现实生活联系起来，更好地理解和应用所学知识。

在"三全育人"工作中，实施案例教学法的原因主要有以下几点（见图 4-6）。

图 4-6　实施案例教学法的主要原因

1.案例教学法具有客观性

案例教学法的客观性突出表现在其提供的学习背景通常是基于现实生活中已经发生的典型事件或情境。这种基于真实情境的学习方式，能够给予受教育者更加深刻和直接的理解与感知。案例作为一种教育工具，其真实性和客观性不仅使受教育者更容易接纳和理解其中所包含的知识和观点，也提供了更加具体和丰富的上下文环境，帮助受教育者更好地理解和运用知识。一如俗语所讲，"事实胜于雄辩"。案例的高度客观性使教育者能够借助具体的事实来阐述抽象的观点，因此对受教育者具有强大的说服力。无论是揭示生活中的普遍现象，还是提供对特定问题的解决方案，案例教学法都能够通过展示真实事件的全貌，引导受教育者从中找到规律，并形成对问题的深入理解。此外，由于案例基于真实的事件或情境，受教育者在学习过程中，能够感受到与现实生活的密切联系，从而提高其对所学知识的认同感和使用意愿。因此，案例教学法的客观性不仅在于其为受教育者提供了理解和接纳知识的有利条件，更在于它能够引导受教育者将学习与现实生活紧密结合，从而实现知识的内化。

2.案例教学法具有启发性

案例教学法通过展示涉及多元关系、角色及其可能表现出的不同思想观念、行为规范和各种结果，为教育者提供了分析、评价的素材，从而为受教育者提供了深入思考的契机，达到启发、激发的效果。在教育者的引导下，受教育者需要对案例中的各个元素进行深入的分析和理解，试图找出这些元素之间的内在联系，并基于这些联系推导出对应的结论。这种过程不仅可以帮助受教育者深化对具体知识点的理解，还可以提高他们的思维能力，如归纳能力、推理能力和判断能力等。案例教学法对受教育者的启发并不局限于知识的掌握和技能的提升，它还可以引发受教育者的情感共鸣和价值反思。通过分析案例中角色的行为和选择，受教育者可以从中体验到各种复杂的情感，如喜悦、挫败、同情和冲突等。同时，他们可以在对案例的深入理解中，形成自己的价值观和人生观，从而达到情感教育和道德教育的目标。

3. 案例教学法具有实践性

案例教学法并非仅仅展示真实事件，而是让受教育者在模拟的现实环境中扮演特定角色，进行模拟实践。这种实践性将理论知识与现实情境紧密结合，使受教育者能够自然地将理论观念转化为行动。该教学法中的"实践"，往往涉及对案例中情境的解读、对相关信息的收集和分析、对问题的识别和定义，以及对解决方案的设计和实施等一系列活动。这些活动远非简单的理论学习，而是深度的、主动的参与和探索，强调对理论知识的运用和实践。这种实践性的特点使案例教学法不仅能够帮助受教育者将理论知识内化为自己的思维习惯和行为模式，还能使他们在"实践"中获得新的见解和启示，从而形成对知识更深层次的理解。受教育者在这一过程中可能会面临挑战、可能会犯错，但正是这些经历使他们有机会反思，有机会改进，最终有机会学习如何在实际中运用所学知识。

4. 案例教学法具有综合性

在处理现实中复杂的多样性和变化性问题方面，可以培养受教育者在思考、判断分析、辨别等多个方面的能力。在具体的案例学习中，受教育者需要应对并理解各种复杂的因素和变量，如不同的人物角色、不同的情境背景，以及各种可能的结果和影响。这一过程会促使受教育者从多元的角度去理解问题、分析情况，需要他们具备跨领域的知识、技能和视野。受教育者在这一过程中不仅需要运用逻辑推理能力、问题解决能力、判断和决策能力，还需要发挥批判性思维、创新性思维，以及对人性和社会现象的深入理解。这无疑对受教育者的各项能力提出了高度的综合要求，也有力地推动了他们的个人成长和发展。而且，案例教学法还具有非常高的灵活性和适应性，可以根据受教育者的个体差异、背景知识和学习需求进行微调和优化，使教育过程更具针对性和实效性。这样的综合性教学方式不仅可以更好地满足受教育者的个性化学习需求，也有利于培养他们的自主学习能力和生涯发展能力。

（二）"三全育人"对案例教学法的运用要求

在运用案例教学法，实施"三全育人"工作时，教育者应做到以下几点（见图4-7）。

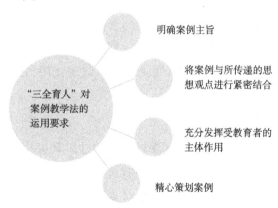

图4-7　"三全育人"对案例教学法的运用要求

1.明确案例主旨

尽管案例事件的复杂性可能涵盖了多种思想观念和道德规范，然而在思想政治教育活动中，教育者必须牢记教育目标和任务是既定和明确的。因此，在利用案例教学法时，教育者应着力强化和凸显案例的核心主题，使受教育者更加明确自己需要坚守或反对的思想观念和道德规范。明确案例主旨，有助于防止受教育者因案例的复杂性而感到困惑或不确定，从而帮助他们更好地理解和接受教育的目标和价值。

2. 将案例与所传递的思想观点进行紧密结合

在育人工作中，案例往往是典型材料或示例，它们被选中的初衷是为了进一步阐释和强化教育者意图传达的思想观点。因此，运用案例教学法，教育者必须确保案例与要传递的思想观点之间的紧密联系。首先，案例的主题必须与要传达的思想观点相统一，这两者之间不能存在任何矛盾或冲突。其次，案例的选择和设计必须完全支持并促进所要传达的思想观点。最后，案例的主题必须是为思想观点服务的，不能让案例本身成为焦点，从而淡化或掩盖了要传达的思想观点。这一点至关重要，因为如果案例的引人入胜或生动活泼超过了其教育目的，就可能会导致受教育者对基本理论观点的理解和掌握受到影响。因此，教育者在使用案例教学法时，必须在选择、设计和讨论案例时，始终保持对思想观点的敏感性和严谨性，以确保案例能够有效地支持和强化教育目标。

3. 充分发挥受教育者的主体作用

案例的本质在于其鲜明的客观性和实践性，其应用的目标就是为受教育者提供一个真实的场景，让他们有机会深度参与，亲自分析和评价场景中的角色和事件，以及体验其中的各种角色。因此，在运用案例教学法时，教育者必须明确受教育者的主体地位，并让他们在教育过程中积极参与。教育者不应独揽全部的解读和解析权，而应鼓励受教育者自我探索、自我理解。否则，运用案例的意义将大打折扣：受教育者无法深入品味案例主题，案例的客观性和实践性将无法得到充分的体现，受教育者也无法从中得到真实生动的教育体验。更重要的是，没有充分发挥受教育者的主体作用，也就无法有效培养他们的思维和判断能力、分析和比较的技巧，以及理论与实践相结合的能力。因此，教育者必须在使用案例教学法时，始终秉持受教育者为主体的原则，充分激发和利用他们的主观能动性，以实现教育目标的最大化。

4.精心策划案例

案例是教育活动的核心载体，不同的案例由于其独特性会带来不同的教育影响。同时，案例的设计编写关乎其内在的趣味性和教学效果，而案例的展现方式也直接影响其对受教育者的吸引力和教育价值的发挥。精心策划案例，主要是指对案例的选择、编写、展现及运用的全方位管理和优化。在选择案例时，教育者需要挑选具有典型性和代表性的案例，这样才能让受教育者从其中看到普遍性的价值观和行为规范。在编写案例时，教育者要注重构建情节，注入故事性，使其具有吸引力和感染力。对于案例的呈现，教育者要追求艺术性，使其具有吸引力和冲击力，扣住受教育者的心，激起他们的兴趣和情感共鸣，赋予案例生动的波澜。在运用案例时，教育者要突出案例的主题思想，使其与要传递的思想观点紧密结合，同时要激发受教育者的主动性，使他们在教育活动中积极参与，充分发挥其主体作用。只有这样，教育者才能最大限度地发挥案例教学法的优势，真正实现教育活动的目标，提高教育活动的效果。

在当今社会，大学生的思想活跃度、信息接收方式及社交模式已经发生了显著的变化。新媒体平台的广泛应用已经成为他们主要的交流渠道。在这种环境中如何深化对大学生的思想政治教育并实现良好的育人效果是当前教育者亟须关注的重要课题。在此背景下，高校思想政治教育成了实现该任务的关键载体和手段，它肩负着重要的思政教育任务。一方面，高校教育者需要通过传统的思政教育加强大学生对马克思主义等基本理论的理解和掌握。利用马克思主义、毛泽东思想、邓小平理论、"三个代表"重要思想、科学发展观、习近平新时代中国特色社会主义思想来武装学生的头脑，引导他们树立正确的世界观、人生观和价值观。这不仅是推动学生全面发展的必要途径，也是确保党和国家事业持续发展的基本保证。另一方面，在强化大学生理论修养的同时，高校教育者也需要强化他们的历史使命感和社会责任感。然而，传统的思政课程由于受到教育观念的深远影响，以及教学内容过于理论化、实践性不足，易导致教学内容单调乏味，教学方法也同样乏味，因此往往无法达到预期的教学效果。在此背景下，案例教学法成了一种有效的解决方法。它通过模拟情境，让学生解决案例问题，引导他们独立思考和寻找解决方案，以此提升他们的思考能力、交流能力和问题解决能力。同时，它也能强化学生对正确世界观、人生观和价值观的培养，提升他们辨别是非的能力。这种教学方法能让思想政治教育变得生动有趣，增加教师和学生之间的互动，提高学生的学习热情，并激发他们的主动学习精神。

为了确保学生能够对案例教学有全面且生动的印象，以及对案例的具体和直观理解，教育者必须将学生引入创设生动逼真的教学情境中。同时，案例教学还应与各种教育活动相结合，以提高教育效果。教育者可以将思想政治教育与五四青年节、庆祝七一建党节、十一国庆节等重要活动，进行有机结合。例如，教育者可以通过将思想政治教育、理想信念教育和对正确世界观、人生观、价值观的教育，以及社会主义、集体主义、爱国主义教育融入党团知识竞赛、红歌会、诗歌朗诵比赛、文艺汇演等活动中，丰富教育形式，并取得良好的教育效果。这样的方法能够引导学生深化对中国特色社会主义的认同，并加强对学生理想信念和社会主义核心价值观的教育。教育者也可以充分利用社团活动、辩论赛、征文比赛等活动，替代传统的单一说教方式。这种方式的引入，将带来出乎意料的良好教育效果，因为它能提供更多元、更有参与性的学习环境，激发学生主动思考，从而提高教育效果。

三、榜样示范法

（一）榜样示范法概述

榜样示范法是一种教育和训练方法，其核心是通过展示和推广具有优秀品质和卓越成就的个体或集体,激发受教者的学习热情和模仿意愿,从而达到教育和训练目标。榜样示范法的主要优点在于其形象直观、易于理解和接受,能够引发受教者的情感共鸣和身心投入,从而加强学习效果。然而,榜样示范法也存在一定的局限性。例如,过分依赖榜样示范法可能导致受教者忽视个体差异和独立思考,而盲目模仿榜样。因此,在实际应用中,应合理使用榜样示范法,结合其他教学方法,以促进受教者的全面发展。榜样示范法在思想教育工作中具有特殊的作用,是我党传统的思想教育工作方法之一。

唯物辩证法揭示了一个客观事实,即所有客观实体都孕育着矛盾,其发展过程是非均质的,总会表现出各种差异性。在任何组织和单位中,人们的思想意识、工作态度和贡献大小都呈现不同程度的差异。这种先进与落后、优秀与平庸的并存是符合客观事物发展规律的现实。因此,在高等教育领域,我们可以观察到存在着诸多先进的典范。思想教育工作的目标并非仅限于通过教育方式改变人们的思维方式,更包括将各个领域中的优秀实践经验进行总结,通过塑造典型,以先进的个体和集体实际行动来引导学生,这是一种关键的教育方法。

示范教育法在思想政治教育实践中具有特殊作用,它能将抽象的、空洞的、乏味的理论转化为具体的、生动的人物或事例,从而帮助学习者更好地从中获取知识、寻找仿效的对象和借鉴的经验。典型示范的推动作用是无尽的,先进的个体可以起到感染、引导、鼓励他人积极进取的效果。先进群体的典型作用,则可以通过"以点带面"的方式,使个别经验在广大范围内得到传播和应用;同时,其独特魅力也能吸引更多的群体或个人效仿。示范教育的具体形式多种多样,但总体上主要包括正面典型和反面典型两类。正面典型的作用非常重大,因此,教育者需要充分挖掘和展现这些先进的典型,为大学生的成长和发展树立标杆,优化教育环境,为大学生的全面发展奠定坚实的基础,同时努力营造积极的氛围,为大学生的成长注入活力。反面典型是与正面典型相对应的概念，它代表着落后的、错误的思想，可能在人民群众中产生消极的影响，对社会产生破坏性的作用。通过揭示和分析反面典型，可以帮助学习者明辨是非，避免其走入误区，从而实现教育的目标。

榜样的力量是无比强大的。榜样反映了时代精神的精华和风貌，蕴含着群众的智慧和力量，预示着未来的前进方向。对于广大学生来说，塑造先进榜样是一种非常实际和直观的教育引导方式，具有强大的说服力和吸引力。这是因为，每个人都有自尊心和进取心，这种心态使他们不甘于落后，积极上进，激励他们在现实生活中严格要求自己，学习先进，积极投身社会主义事业。宣传和推广榜样，可以激励学生奋发向上，为学生指明前进的方向，推动各项工作顺利开展。

榜样示范是我党思想教育工作的重要传统，是一种实证效果显著的工作方式。我党在不同的历史时期都塑造了一大批先进典型，并举办了一系列的典型教育活动。例如，在延安时期，塑造了白求恩、张思德等先进典型；中华人民共和国成立后，又塑造了罗盛教、吴运铎、向秀丽、雷锋、焦裕禄等一大批英雄模范；十一届三中全会以来，塑造了张华、张海迪、赵春娥、蒋筑英、罗健夫、中国女排等英雄模范人物和先进集体，以及各个领域中勇于创新、业绩显著的改革标兵。近年来，我党还树立了袁隆平、王永志、金怡濂、王振义、吴良镛、王小谟、赵忠贤、屠呦呦等一批荣获国家勋章的科学家榜样，隆重表彰为中华人民共和国建设和发展做出杰出贡献的功勋模范人物。这些典型的思想品质和理想性格，已经深深地影响了几代人，他们的宏伟思想和高尚品德对于学生树立宏大理想、激发艰苦奋斗精神和奉献社会主义伟业的热情，起到了极大的激励作用。

（二）"三全育人"对榜样示范法的运用要求

在"三全育人"工作实践中，发挥榜样示范作用，有效促进了大学生思想政治工作。教育者在运用榜样示范法时，应该注意以下几个要求

（见图 4-8）。

善于发现典型，选择好典型　　　教育者自身做好表率和示范

图 4-8　运用榜样示范法的具体要求

1. 善于发现典型，选择好典型

在育人工作中，"典型"的作用不可忽视。典型是理论与实践、原则与具体情况之间的桥梁和纽带，是推动学生积极行动、实践理论知识的重要手段。教育工作者需要具备敏锐的观察力和洞察力，能够及时发现和选择具有代表性的典型。这就要求教育者不仅应具备理论素养，能够用马克思主义观察问题，运用科学的方法和态度对待事物，还应深入生活、深入实践，亲身体验和观察。此外，教育者需要对发现的典型进行筛选，以决定哪些典型具有广泛的代表性和教育价值，能够为最大范围的学生提供学习榜样。选择典型时，要注意典型的时代性、群众性、导向性和教育性。时代性是指典型要能反映当前时代精神，符合社会主义核心价值观；群众性是指典型要来源于群众，受到群众的认可；导向性是指典型要有正面引导作用，能够引导学生正确对待生活和学习；教育性是指典型本身的行为、言论等要有教育意义，有助于塑造学生的思想品德和行为习惯。通过善于发现和选择好典型，教育工作者可以将典型教育和思想教育结合起来，利用具体的人和事向学生传递理论知识，激发他们的学习动力，增强他们的实践能力，提升他们的思想道德素养，使教育工作的效果更加显著，对学生的成长和发展产生深远的影响。

2. 教育者自身做好表率和示范

教育者的行为和态度常常会成为学生模仿和学习的直接对象。他们的行为规范、价值取向、专业热情以及工作态度等，无不在无形中影响着学生的价值观的形成和个性的塑造。通过身体力行，教育者可以更有效地传达教育理念，促进学生形成良好的行为习惯和道德素质。教育者作为学生的引导者和陪伴者，其所持有的专业知识、思维方式、解决问题的方法等，都会通过直接或间接的方式影响学生。在具体的教育实践中，教育者身体力行不仅是教学内容的补充和延伸，而且有助于提升学生的实践能力和创新思维。教育者在具备上述身体力行的基础上，更需要有足够的人文关怀和爱心，从而对学生产生深远的影响。良好的情感关怀和人文关照，可以使教育活动充满人性温度，使学生在获得知识技能的同时，能体验到成长的快乐和生命的尊严。教育者身体力行做好表率和示范，不仅是教育职业的要求，更是教育者的道德担当。这种表率和示范作用涵盖了专业素养、道德情操、人文关怀等多个方面，旨在通过自身的实际行动，为学生提供一个全面、生动的学习模板，引导他们向正确的人生目标和价值追求方向努力。

树立模范能够为公众提供一个可观察、可接触的道德参考标准，这是对道德要求进行具象和现实的呈现，同时是提升个体思维层次和道德期望的重要方式。处于青春期的大学生正是意识形态模仿的高峰时期，他们极易受到周围环境的影响和约束。在当下的信息化时代，各种传统的、高尚的道德素质正逐渐被遗忘，被社会大众所忽视，因此教育者更需要采用生动的模范来影响、触动和教育青年学生。榜样示范法能让教育者将抽象的思想理论、道德标准和行为规范变得具体、形象和有人格特质。这种具象化的教育方式，不仅使学生能够直观地理解和接受道德价值观，也能够更好地启迪他们思考，鼓励他们主动探寻、实践和传承优秀的道德品质。此外，教育者利用榜样示范法，还能鼓励学生积极参与到社会实践中，以实际行动对模范的行为和精神进行模仿和延续，从而实现个人价值和社会价值的和谐统一。

四、情感陶冶法

（一）情感陶冶法概述

情感陶冶法指的是教育者自觉地利用环境和自身的教育因素，对学生进行潜移默化的熏陶和感染，使其在耳濡目染中受到感化的方法。教育者可以通过创设有强烈感情色彩和教育意义的情境，使学生在潜移默化中陶冶情操、接受教育。

情感陶冶法具有以下几个特点：

1. 隐含性

情感陶冶法并非直接向学生灌输理论或明确要求，而是通过情境的创设，使学生在与环境的互动中无意识地受到潜移默化的熏陶，从而逐渐形成道德的自觉与内化。

2. 长期性

不同于理论教育可以快速带来显著效果，情感陶冶法需要一个相对长期的过程。这种渐进式的陶冶方式，尽管在早期可能看不出明显的效果，但在持续的积累和熏陶下，学生可以形成深度内化的道德素养和个性品质。在某些情况下，情感陶冶法能够引发学生强烈的情感共鸣，对其道德认知的形成产生深远影响。

3. 感染性

这种以情动情、以情塑情的教育方式，不仅易于被学生接受，还能引发学生的内在共鸣，因而可以有效地达到教育目标。情感陶冶法主要是通过具体、直观、生动的情境进行，它能够有效激发学生的情感共鸣，进而产生深刻的道德影响。

4. 稳定性

由于情感陶冶是一个长期、逐渐深入的过程，学生形成的道德认知和态度具有相对的稳定性，即使在外部环境发生改变时，也不会轻易受到影响。

情感陶冶法在教育实践中的作用，主要表现为以下几个方面（见图4-9）。

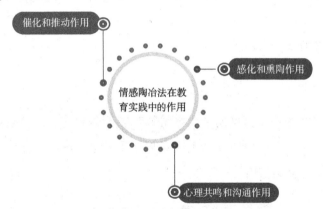

图4-9 情感陶冶法在教育实践中的作用

（1）催化和推动作用

情感因素对于思想道德的认知和行为的转化过程有着重要影响。它是思想道德认知转变为信念的催化剂，也是推动思想道德认知转变为实践行动的驱动力。因此，教育者运用情感陶冶法培育学生的思想道德情感，也就能推动学生思想道德的形成和进步。

（2）感化和熏陶作用

环境，特别是社会环境对人的思想道德有着重要影响。通过情感陶冶法，将思想教育融入各种生动形象和美好情境中，尤其是教育者创设的教育情境中，可以使学生在潜移默化中受到环境中各种教育因素的深刻影响。

（3）心理共鸣和沟通作用

教育者运用情感陶冶法，特别是运用自身的情感和高尚情操去影响学生，可以建立与学生间的心理共鸣，进而促进情感的交流，这有助于提高思想教育的效果。教育者的情感投入和高尚情操，将引起学生情感上的共鸣，进而提高育人工作的有效性。

在进行思想教育工作的过程中，道德情感对人们道德行为展现出巨大的调控能力。当学生对某个道德问题产生了强烈的情感反应，这种情感就可能转化为强大的心理动力，有可能推动他们持续前行，也可能阻碍他们健康成长和发展。这种现象在情感丰富且易于变动的青年学生群体中尤为突出。因此，在思想教育中注入情感元素，培养学生高尚的道德情操，是思想教育工作的一个关键环节。情感陶冶法与说服教育或实践锻炼等方法不同，它并不能在短时间内对学生产生强大而直接的影响，看到明显的效果。它需要通过一个较长的时间周期进行有针对性的情感熏陶，以达到预期的教育效果。尽管情感陶冶的过程可能较慢，但一旦效果显现，它就能对学生的思想情感和个性特征产生深远且持久的影响，呈现"水滴石穿"的教育效应。这一方法缓慢但持久的效果，说明其在思想教育工作中的重要性，体现了其独特的价值和意义。

（二）"三全育人"对情感陶冶法的运用要求

1. 关怀学生，以情感人

在运用情感陶冶法时，教育者必须要给予学生足够的关怀和体贴，激发他们的情感共鸣。教育者应将学生视为自己的亲人，像对待自己的亲人一样在思想、学习和生活等方面关心和照顾他们，通过情感上的交流，借助关怀和爱抚的力量，为他们提供温暖的心理环境。特别是那些学习进步较慢或者性格内向、孤僻的学生，教育者应主动接近他们，给予他们更多的关怀和帮助，帮助他们增强自信心。教育者需要积极地融入学生的世界，尊重、信任、理解学生，与他们建立亲密的朋友关系，深入了解他们的思想和情感，寻找共鸣的触点。关心学生的生活，帮助他们克服现实生活中的难题，让他们感受到教育者不仅是他们思想的引路人，也是他们生活中的密友。教育者只有与学生之间建立一种和谐的关系，才能使情感陶冶法发挥最大的效用。

2. 重视校园文化建设

实施情感陶冶法时，教育者应高度重视校园文化建设。强化校园文化建设可以是打造优美的学习生活环境，包括整洁的校园环境、绿意盎然的树木、伟人的塑像、名人的纪念碑，甚至是明亮的衣镜等。这些元素都能对学生产生巨大的感染力、约束力和导向力，让他们感受到在这样的环境中学习和生活的快乐和自豪，并提示他们的行为要与特定的校园环境相协调。加强校园文化建设也可以是举办丰富多彩的文化活动，通过艺术感染力，利用音乐、美术、文学、戏剧、电影、体育活动等多种方式来陶冶学生的情操。这些活动形象生动、感染力强、形式活泼且易于接受，尤其适合精力充沛、情感丰富的青年学生。因此，教育者必须擅长利用积极健康的文化生活充实学生的精神世界，让他们在轻松愉快的气氛中，在美的享受中陶冶情操，接受潜移默化的教育。

3. 加强正面引导

实施情感陶冶，还需要重视正面引导，以克服消极因素的影响。教育者可通过组织书评、影评、讨论、讲座等活动，积极进行正面引导，提升学生的鉴赏能力，培养他们自觉抵制和反对消极因素的意识。教育者可以借助音乐、诗歌、美术、影视、小说等多种艺术手段感染学生，让学生在欣赏、评论、创作及演出过程中受到情感熏陶。艺术源于生活但又超越了生活，它用富有象征意义和寓意深厚的形象表达深情厚谊，这不仅能给学生带来美的感受，更能熏陶他们的情感态度。文艺作品之美和鲜明生动的艺术形象具有强大的感染力，能引发人们由欣赏而动情、由动情而转性，在不知不觉中受到潜移默化的影响。教育者可根据受教育者的不同兴趣、爱好和特性，组织健康有益、生动活泼、丰富多彩的文化艺术活动，使学生在文化艺术的欣赏、评论、创作和表演过程中得到情感熏陶。在职业道德教育过程中，职业道德知识可以与文艺形式相结合，以学生喜欢的形式呈现，从而拉近与学生的距离。比如，通过职业角色模拟表演，设计互动情境，让学生身临其境地扮演相应的角色，这更贴近他们的心理需求。将情境与职业道德情感紧密联系，使这种情感成为情境中角色互动必不可少的要素，影响角色之间的关系。这样，学生可以从自我扮演的角色出发，体验从业人员的思想和情感，通过情感移入，理解他们原本可能难以理解的职业道德情感。

五、实践锻炼法

（一）实践锻炼法概述

实践锻炼法是指通过组织工作，引导大学生积极参加各种社会实践活动，不断提高他们的思想觉悟和认识水平，使他们在参与、体验社会实际生活的过程中不断改造世界观的重要方法[1]。实践锻炼作为一种教育方法，主要是通过有组织的方式引导人们，尤其是年青一代，积极投身于各类社会实践活动中，以此提高他们的认知能力和思想觉悟，并在对客观世界进行改造的过程中，塑造和提升自身的主观世界。这一方法能够帮助个体拓宽视野，增强理解和创新能力，充实思想，达到自我教育的目标。

---

[1] 许国彬，林绍雄. 当代大学生工作学 [M]. 广州：广东高等教育出版社，2010：56.

实践锻炼法的显著特性在于,受教育者直接参与实践活动,这些实践活动的任务与教育目标紧密相连,受教育者与其他实践者紧密协作,实践过程具有一定的连续性和挑战性。这一方法对于受教育者的立场、观点、态度、情感的转变,以及意志品质的形成具有重要影响。同时,实践锻炼法对思想道德的塑造也具有持久的影响力。

实践锻炼法的作用主要体现在以下几个方面(见图4-10)。

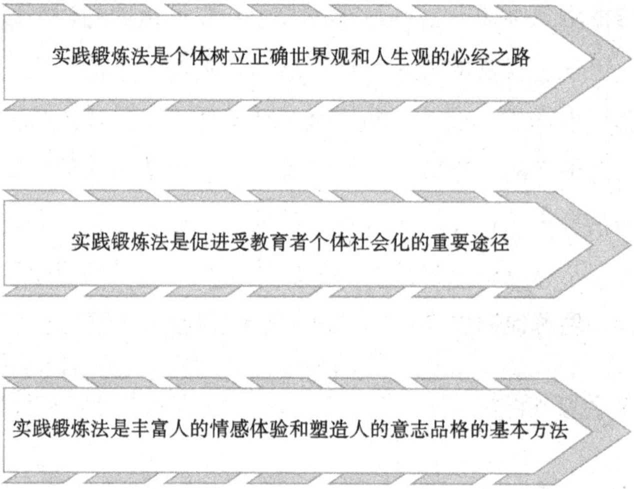

实践锻炼法是个体树立正确世界观和人生观的必经之路

实践锻炼法是促进受教育者个体社会化的重要途径

实践锻炼法是丰富人的情感体验和塑造人的意志品格的基本方法

图4-10　实践锻炼法的主要作用

1. 实践锻炼法是个体树立正确世界观和人生观的必经之路

思想教育的核心任务在于解决个体的思想、观点以及政治立场的问题。然而,思想问题的形成绝非脱离实际的空想,反而需要立足现实的基础之上。如果教育者忽视这一实际,就无法准确地认识到受教育者思想问题的根源,也就无法找到有效的解决办法。相应地,如果受教育者脱离实际,那么他们就难以正确理解社会的多样问题,也难以确定与他人以及社会的恰当关系。教育者可以通过实践锻炼法,积极地组织和引导个体参与各种形式的社会实践活动,使参与者得到锻炼和教育,从而在理论和实践的结合中实现知识和行为的统一,并促使参与者的思想认

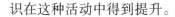

识在这种活动中得到提升。

2. 实践锻炼法是促进受教育者个体社会化的重要途径

个体社会化是指个体在社会环境的影响下，逐步认识事物，理解并接受社会规范的过程，它是个体获得参与和融入社会生活所需能力的关键途径。教育者可以利用实践锻炼法，有组织地引导受教育者参与各式各样的社会活动，把理论知识与实际操作进行紧密结合，让受教育者亲身经历和体验社会活动，从而增强受教育者对世界的理解力和改造能力，明确伦理道德的标准，理解社会规范，在人际互动中磨炼个人能力，最终成为合格的社会成员。

3. 实践锻炼法是丰富人的情感体验和塑造人的意志品格的基本方法

认知、情感、信念、意愿共同构成了人类的认知系统。通过实践活动，特别是劳动锻炼和社会服务等，受教育者不仅能建立正确的劳动观念，形成良好的劳动习惯，掌握劳动的基本技能和技巧，塑造健康的生活习惯，还能通过各种社会服务活动体验不同的社会角色转换，逐步强化道德判断，明晰对于情感的喜好，提升审美水平，更能培养出为社会、为他人服务，为社会做贡献的崇高精神。这些都是实践锻炼法在情感与意志塑造方面发挥的重要作用。

（二）"三全育人"对实践锻炼法的运用要求

在思想教育过程中，除通过多种方式和形式进行说理教育和感化教育外，教育者还需要积极组织并引导学生参与各类社会实践活动，以确保他们在各类实践活动中得到锻炼和教育。这是因为学生只有通过适当的社会实践，才能够将理论与实践相结合，实现知识与行动的一致性，让学生通过大量鲜活的现实教育，深化理解理论知识，全面认识国情，并逐步改变他们对待各种问题的立场、观点和方法。若教育者在思想教育过程中片面强调理论教育，而忽视引导学生参与社会实践，那么学生可能无法有效地掌握马克思主义，更无法建立正确的世界观和人生观。

实践锻炼对于青年的健全发展具有极其显著的影响。通过社会实践，青年能有机会接触并理解社会现实，能从不切实际的空想和幻想中解脱出来，建立基于现实的主观认知，树立正确的人生态度，并确立正面的价值观；青年也能看到自身存在的各种不足，以此克服自大和自以为是的思维方式，找到自己努力的方向。历史经验揭示，投入社会实践是青年人成才的重要途径。实践锻炼的方式是丰富多样的，既有适应各种职业的实践形式，又包括各种实践形式中的普遍性和特殊性区别。为了使实践教育产生预期效果，教育者在具体应用时，除了要注意与职业特点的结合，还需根据不同受教育者的思想实际，选择适宜的时机和合适的形式。实践锻炼的形式并不是一成不变的。教育者需要紧紧抓住新时代"三全育人"的工作目标和任务，结合学生思想发展变化的具体情况，灵活地运用和积极地创新各种合适的实践教育形式。

具体来看，"三全育人"工作要求教育者在实施实践锻炼法时，应做到以下几点（见图4-11）。

图4-11 实施实践锻炼法的具体要求

1.明确目的意义

实施实践锻炼法需明确其目标和意义。鉴于大学生普遍存在的偏重理论而忽视实践的情况，教育者有必要向学生阐明理论与实践相结合的重要性，以提升他们参与实践锻炼的自发性和积极性。大量的实践锻炼是通过各种活动实施的，明确活动目标可以确保活动沿正确的路径推进，从而提升实践锻炼的教育成效。如果仅为活动本身而进行活动，可能会削弱实践活动的教育功能。

2. 严格要求，加强指导

教育者应针对学生思想认识的各个层次，提出从低到高，从易到难的实践锻炼具体要求，并依照这些要求进行指导。如果缺乏严格的规定，部分学生可能会在实践活动中懈怠，仅仅满足于活动的表面性，而不追求实质性的质量提升。特别在遵循规章制度和学生行为准则等方面，缺乏严格的规定，优良的行为习惯就难以形成，规章制度的权威性和严肃性就会被削弱。因此，教育者必须经常进行监督检查，保持连续性和一致性。否则，实践锻炼的持续性将难以保持。

实践锻炼的教育效果并非总是在实践过程中自然产生，很大程度上需要实践者自觉努力。学生作为实践活动的主体，其自觉性和积极性显得尤为重要。然而，这并不意味着可以忽视教育者的引导作用。教育者的帮助和指导是保证实践锻炼取得有效成果的重要因素。在社会生活中，积极和消极的元素并存，都在影响着学生，教育者必须引导学生区分是非，辨别主次，以克服消极因素的影响。

3. 反复实践，不断提高

实践锻炼，是反复实践和不断总结提升的过程。每次实践活动结束后，教育者需要进行恰当的评估，积极认可所取得的成绩，识别存在的差距，并对先进行为予以表扬，以激发后续者的积极性。教育者应善于引导学生将从实践中获得的感性认识升华为理性认识，从感性的材料中概括出具有普遍性的理解，透过复杂的社会现象，洞察社会发展的本质和主流趋势，并找到最能为社会和人民服务的最佳结合点。这种在新的认识高度上形成的理性认识将反过来指导新的实践活动。实践锻炼法必须遵循辩证唯物主义的认识规律，做到理论与实践有机结合，确保实践活动的持续性和连续性，同时保证学生认识的深化和理解的拓展。

第五章　新时代高校"三全育人"实践探索

随着社会的发展，高校越来越意识到大学生思想政治教育工作的重要性。作为国家的希望和未来的栋梁，大学生肩负着国家发展和社会进步的重大历史责任。因此，对大学生进行深远且全面的思想政治教育是当下高等教育的核心任务。"三全育人"致力构建"全员、全程、全方位"的育人模式，旨在塑造社会主义建设者和接班人，对我国的社会发展具有极其重要的影响。本章将从大学生入学教育、大学生学中教育、大学生就业指导教育以及大学生社会实践教育四个方面，深入剖析新时代高校"三全育人"的实践探索，为高校实施教育改革奠定基础。

第一节　大学生入学教育

当大学生进入大学阶段，他们将面临生活环境、学习模式以及人际关系的多重转变。尤其是在学业方面，由于高等教育的特殊性和高中阶段的巨大差异，许多学生可能会出现适应性问题，这些问题会严重干扰他们的学习和生活进程。因此，如何协助新生顺利度过这一适应期并成功融入大学生活，如何顺利开展入学教育工作，便成了高校实施"三全育人"工作需要解决的重要课题。

一、大学生入学教育的意义与内容

（一）大学生入学教育的意义

大学生入学教育是高校在新生入学后的一段特定时间（通常为第一学期）内，针对人才培养目标以及新生的个性特点，展开的一系列综合性教育活动。大学生入学教育不仅是日常思想教育流程的启动阶段，而且被视为整个思想教育过程中的黄金期。全面而高质量的入学教育工作在整个思想教育实践中占据至关重要的位置，其价值和影响力不仅体现在对后续教育活动的规划与执行上，也对学生思想道德品质的塑造及行为准则的形成具有深远的影响。通过有效的大学生入学教育，高校可以确保学生在接下来的大学生活中，更好地理解、接纳并实践高校的教育理念和标准，同时为他们的未来学习和职业生涯奠定坚实的基础。

大学生在进入大学时，一般会经历三个主要阶段（见图 5-1）：体验阶段、衔接阶段和成长阶段。体验阶段，大学新生对全新的大学环境产生了强烈的好奇和探索欲望。他们开始接触和了解大学规章制度，接触新的课程设置和学习模式，与不同背景的同学交往，对于自己在大学的角色和身份进行初步的思考和定位。这是一个充满期待和疑惑的阶段，新生们需要克服对未知的恐惧，积极主动地去探索和尝试。衔接阶段的主要任务是进行角色的转变和适应，从以往的中学生角色转变为大学生角色，从被动接受知识转变为主动探索知识，从依赖父母和老师转变为独立自主。新生们需要逐渐适应大学的学习节奏和生活方式，同时需要处理好与同学、老师、家长等不同群体的人际关系，以顺利过渡到大学生活。当新生完成过渡阶段后，他们将步入成长阶段。这个阶段的主要任务是提升自我，通过专业学习、社团活动、社会实践等多种方式，不断提升自我能力和素质，充实自我，形成自己的人生观和价值观，明确自己的发展方向和目标。在这个阶段，新生们不仅要不断提升自身的学术素养，还需要培养良好的社会适应能力，以便在将来的生活和工作中更好地实现自我价值。

图 5-1　大学生入学时经历的主要阶段

大多数新生初次踏入大学校园，从高中生身份转变为大学生身份，他们将面临一系列的挑战，包括生活自理、自我管理、自觉学习、自我目标设定、自我思想教育以及自我行为约束等多个层面的问题。他们可能在思想上感到迷茫，行为上感到无所适从，而且学习、生活、思想和心理状态都将经历巨大变化，处于一种思维方式和行为习惯的调整转换期。这个阶段的新生具有极强的可塑性，他们非常容易接受教育者的教育影响，先行接纳并将这些影响内化为个人的观念和认知，并最终转化为个人的行为习惯。因此，教育工作者应当充分利用这一教育黄金期，深入理解新生的需求，掌握新生的思想状态，熟知新生的心理状况，在此基础上精心设计并实施新生入学教育方案，对新生进行积极、系统的入学教育，帮助他们更好地适应大学生活，实现平稳过渡。

优化大学生的入学教育是引领学生顺利进入新的人生阶段的关键步骤。将大学生入学教育视为"三全育人"理念实际执行和强化的重要方式，可以帮助学生更好地进行思想政治建设。高等教育机构应通过多元化的活动形式对新生进行深入的思想政治教育。例如，军事训练是一种独特的教育方法，可以增强学生的团体意识和纪律性，提升集体荣誉感，并在此过程中进行有效的思想政治教育，以激发学生的责任感和使命感。除此之外，高校还可以组织一系列多元且富有教育性的活动，如邀请专家进行学术讲座，举办师生座谈会以增强交流，开展社团活动和文化活动等。这些丰富多样的活动不仅能帮助学生尽快适应新的环境，增进学生间的互相了解，而且能够使他们对学校产生强烈的认同感和归属感。

（二）大学生入学教育的主要内容

1.思想政治教育

思想政治教育是新生入学教育的核心内容，其主要目的是通过多样化和丰富的教育活动，使新生树立高尚的理想和信仰，并在此过程中，培养他们的爱国主义精神和民族精神。

在具体实施方面，教育者可以利用时事讲座、主题班会、现场学习等方式开展思想政治教育。教育者可以通过时事讲座，帮助学生理解和认识当下社会的热点问题和发展趋势，而主题班会则提供了一个讨论和反思的平台，让学生能够结合自身实际，深化对特定主题的理解。有条件的高校，还可以组织学生进行政治教育实地参观，亲身感受和体验，这对于他们树立正确的世界观、人生观和价值观具有积极的推动作用。思想政治教育是新生入学教育的重要环节，只有通过深入、全面的思想政治教育，教育者才能使新生逐步形成健康的心态、积极的态度和高尚的理想，从而更好地迎接他们大学生活的新阶段。

2.大学生活适应教育

大学生活适应教育是全面指导新生熟悉学校环境、并迅速适应大学新生活的关键环节，主要涉及生活适应教育、人际环境的适应指导以及学习适应教育三个方面的内容。首先，大学生活适应教育的目标在于缓解新生的孤独感，并对他们在日常生活中的需要提供更多的关心和照顾。具体措施包括详细介绍学校的生活设施和教学设施，使学生能够自我管理生活，合理安排作息，并遵守学校的各项管理规定等。其次，人际环境的适应指导是为了帮助新生处理在新同学、新室友、新老师、新班级中可能面临的人际关系问题。因为人际关系紧张和敏感已经成为新生群体中一项不容忽视的问题，所以对新生的指导和帮助需要深入探讨如何满足人际交往的需求，如何在集体中积极愉快地生活，并促进个人成长。最后，学习适应教育是整个适应教育的重心所在。大学学习是一个人终身学习过程中的重要阶段，因此，学会学习，培养良好的学习能力和习惯是大学教育的关键任务。学习适应性教育的主要目标是帮助新生尽快适应大学的学习环境，掌握科学的学习方法，形成良好的学习态度，并树立正确的学习观念和价值观。具体内容包括对大学学习的意义、内容和价值进行教育，介绍教与学的方法和特点。比如，如何听课、如何记笔记、如何有效利用图书馆资源、如何进行科学实验等。

3. 专业教育

专业教育是新生入学教育的重要组成部分，其主要目标是使新生对学校、学院，特别是所选择专业的教学计划、学科发展状况和前景，以及潜在的职业前景有全面的认识。具体而言，专业教育主要包括专业的发展轨迹，经济发展对专业市场需求的影响，历届学生的就业状况及就业前景，学院在该专业的教学条件和办学实力，专业所需的能力构成及课程设置，以及专业学习的要求和方法等。通过专业教育，新生可以校正专业思想，激发学习兴趣，增强学习动力，并开始规划自己的职业生涯。这是一种整体的，从学术、职业到个人兴趣等多个方面全面引导新生理解自身专业和未来发展的教育方式。

实施专业教育的方法可以多样化，如通过多媒体专题讲座、现场演示以及校友、新老同学座谈交流等形式，使新生有机会全面了解专业知

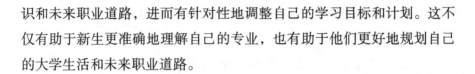

识和未来职业道路，进而有针对性地调整自己的学习目标和计划。这不仅有助于新生更准确地理解自己的专业，也有助于他们更好地规划自己的大学生活和未来职业道路。

4. 法律法规和安全教育

法律法规和安全教育的目的在于引导新生积极学习并遵守国家法律法规以及学校的各项规章制度，合法行使权利，履行义务。为此，教育者需要有针对性地组织学生学习相关的法律文本和学校的规章制度，包括但不限于《普通高等学校学生管理规定》《高等学校学生行为准则》《普通高等学校学生安全教育及管理暂行规定》以及学校自身的学生管理手册等。实施法规教育的方法可以包括学习讨论、新老同学座谈、专题讲座等多种形式，以保证学生对相关法规的全面理解和有效遵守。

安全教育方案则应以提高学生的安全防范意识为主要目标，内容包括但不限于校园安全典型案例分析、饮食卫生安全防范、财产安全防范、集体活动安全防范、突发性治安事件安全防范以及消防安全常识等。实施安全教育的方法可以是专题报告、防范演练等形式，以确保学生在理论知识的学习基础上，能够积极主动地预防各类安全问题，维护自身的生命财产安全。这一系列的教育活动，将有助于新生早日熟悉并适应大学环境，遵守法纪校规，提高安全防范能力，为他们的全面发展保驾护航。

5. 心理健康教育

在新生入学的初始阶段，心理健康教育的推行具有至关重要的意义。高校应着力塑造和提升新生的心理健康观念与意识，指引新生清晰地认识到，心理素质的健康同思想道德素质和科学文化素质一样，是构成优秀大学生素质不可或缺的部分。高校可以通过培养新生对心理健康的初步认识并使其了解寻求心理健康援助的主要途径和方法，为将来系统、深入和长期的心理健康教育工作打下坚实的基础。

新生在生理、心理及人际交往方面都处于一个快速变化的过程中，这是他们从不成熟向成熟转变的关键时期，容易出现心理矛盾和冲突。因此，高校需要帮助新生客观、理性地认识自我，培养他们积极健康的心理状态，学会自我调节。针对这一目标，高校可以通过开设心理健康课程，组织学生系统学习心理健康知识，按需设立心理知识讲座，及时疏导学生心理问题。此外，完善心理咨询室的硬件和软件设施，充分利用其进行心理咨询、心理健康调查、心理辅导等工作，也是重要途径之一。高校还可以建立新生心理档案，开展心理咨询日活动，以增强新生对心理健康的认知。对存在特殊情况的新生，高校应有针对性地进行重点咨询辅导，帮助他们克服困难，提高承受挫折的能力，以确保他们在大学阶段实现心理健康发展。

6. 国防教育

国防教育应紧密结合教育部《大学生军训大纲》的指导方针，以加强国防教育和爱国主义教育为重心，以培养学生团结协作、集体主义精神为目标。此外，通过研习军人的艰苦奋斗精神、严谨的纪律观念和雷厉风行的工作作风，有助于新生增强自我约束、自律的意识，磨炼他们坚忍不拔、勇往直前的意志品质。

实施国防教育，帮助学生掌握基本的军事知识和技能，不仅对培养后备兵员和预备役军官具有积极意义，也为塑造社会主义建设者和接班人打下了坚实的基础。在实施途径上，高校可以通过设立军事理论课程、组织军事实践训练，与军事教官进行座谈交流，以及参观军事设施等形式开展国防教育。这些活动不仅能让新生深入理解军事知识和技能，更能激发他们的爱国情怀，增强国防观念，培育他们担当国家未来责任的决心和勇气。

整体来看，大学生入学教育内容丰富，不同的教育内容有着不同的侧重点，高校可以根据自身实际情况，通过多种教育形式开展大学生入学教育。这些教育内容的预期目标与教育形式，如表5-1所示。

表5-1　大学生入学教育内容的预期目标与教育形式

大学生入学教育的重点内容	预期目标	教育形式
思想政治教育	树立高尚的理想和信仰，培养爱国主义精神和民族精神，形成正确的世界观、人生观和价值观	时事讲座、主题班会、现场学习等
大学生活适应教育	指导新生熟悉学校环境，迅速适应大学新生活	主题报告、班会等
专业教育	通过本专业发展情况的介绍，使新生基本熟识所学专业发展方向，促使学生热爱所学专业	专题讲座、座谈交流等
法律法规和安全教育	学习相关的法律文本和本校的学生管理手册，以进一步加强新入校大学生的法治观念和责权利意识	专题讲座、专题报告、防范演练等
心理健康教育	通过心理咨询和心理健康教育讲座等形式，使大学生了解基本的心理特征，增强处理个人心理问题时的理性态度	心理咨询、心理健康调查、心理辅导等
国防教育	帮助学生掌握基本的军事知识和技能，培养学生团结协作、集体主义精神和爱国主义精神	军事理论课程、军事实践训练等

二、大学生入学教育中融入"三全育人"理念的必要性

（一）大学生入学教育是"三全育人"理念的内在要求

大学生的入学教育是"三全育人"理念的内在要求。"三全育人"理念强调高校的育人工作要融入学生成长和发展的各个阶段，融入学校教育和教学的各个环节之中。在整个大学生涯中，新生阶段无疑是

学习生活的开端，是大学生步入社会化阶段的第一步，也是大学生思想政治教育的起点。在这个关键时期，如果高校能正确地引导新生，并帮助他们顺利地适应大学生活，那么大学生就能更好地适应社会，开启他们的大学生涯。大学生入学阶段以及整个大一的新生阶段对他们未来的大学教育阶段具有深远的影响。如果大学生在新生阶段适应得好，那么他们的大学生活就可能是平稳的、顺畅的、高质量的。相反，如果他们在新生阶段适应得不好，那么这不仅会对他们个人的成长和才华发展产生不利影响，而且会对学校的和谐稳定和人才培养质量带来负面影响。

从整个大中小学德育一体化全过程来看，大学新生阶段是学生从高中阶段向大学阶段过渡和适应的时期。因此，对于高校来说，在大学生的入学教育中履行立德树人的任务和使命，是"三全育人"的内在要求和重要环节。

（二）大学生入学教育是实施"三全育人"的重要路径

作为"三全育人"的重要一环，大学生入学教育蕴含着全员参与、全方位覆盖的客观需求，它是实施"三全育人"的重要路径。

这种全员参与和全方位覆盖的要求主要源于以下两个关键因素：

1. 大学生可能面临各种适应大学生活的挑战

一旦踏入大学，大学生会面临着内部和外部环境的巨大变化，这可能会引发一系列适应问题，包括环境适应、学习适应、文化适应、人际关系适应、生活习惯适应和心理适应等。这些问题的复杂性和多样性意味着高校不能仅仅依靠专兼职思想政治工作者或单一的教育方式来解决。高校需要全员协作，形成一种系统性的力量，需要学校内部和外部、课程内部和外部、线上和线下、教育主体和教育对象有机联动，相互补充，优势互补。

2. 大学生入学教育的影响因素、影响过程和影响结果都具有高度的复杂性

相比传授特定知识和技能，培养审美意识，提高身体素质等较为单一的教育过程，大学生入学教育则要复杂得多。大学生入学教育的主要任务是通过一系列引导性的教育活动，促使大学新生在观念、态度、行为习惯，甚至个人利益上做出改变。这一阶段的学生处在从青少年向成年人转变的关键期，这一时期他们的思想、行为波动都比较大。从影响因素来看，学生社团等各种正式或非正式的组织，以及网络、报纸、电视等都会对他们产生影响，这些影响可能与新生适应性教育的目标不一致，甚至存在冲突。从影响过程来看，大学新生在入学前已经形成的观点、态度、习惯等都会影响他们接受教育内容的程度。从影响结果来看，大学生入学教育的效果可能是显性的，也可能是隐性的，可能是直接的，也可能是间接的。这种复杂性要求我们在大学生入学教育过程中，必须实现全员参与和全方位覆盖。因此，高校需要积极落实"三全育人"的教育理念，以确保大学新生在思想、行为习惯等各方面得到合理引导，并在面对复杂影响因素时，能做出正确的选择。

三、"三全育人"理念下的大学生入学教育策略

（一）构建学校、家庭和社会三位一体的教育模式

在"三全育人"理念的指导下，高校在新生入学教育过程中扮演着主导角色。作为大学生入学教育的中心枢纽，高校不仅负责新生入学教育的具体规划与实施，更关键的是，它会对新生的综合素质教育工作质量产生直接影响。然而，大学新生的教育工作并不是学校的孤立行为，而是需要学校、家庭和社会的共同参与。家庭教育在新生入学教育中扮

演着重要的补充角色。它不仅可以在新生的综合素质教育中提供切实可行的建议和方案，也能在学生的四年大学生活中与学校协同，加强对学生的日常管理，发挥其应有的作用。在此基础上，高校还需要更广泛地挖掘社会资源，这些资源可以是有益于新生入学教育的各类社会活动或服务。利用这些资源，为新生提供更加全面的服务和教育，为他们成才创造更为广阔的社会环境。

因此，新生入学教育实质上是一种多元化、立体化的教育模式，它需要调动所有有利于学生成长的力量，构建一种包含学校、家庭和社会在内的全方位、多角度的教育格局和模式。

（二）学校各部门全员参与育人

新生入学教育是一项庞大的系统性工程，涉及学校内各个部门的紧密合作和资源整合，以达成教育和引导新生的目标。在这个复杂但有序的系统中，学校需要由学生工作处引领，党委校长办公室提供领导，整合包括安全保卫处、团委、教务处、组织部、宣传部和校医院等在内的多个机构部门的力量，并与二级学院紧密协作。二级学院在此项工作中也扮演着至关重要的角色，需要将任务细化并扎实地执行。学院党委负责协调和分配任务，如学生科、教学办、各专业教研室等都应根据自身职能分工贡献力量，实现全员参与，形成整体的关注和投入。学生主要由辅导员负责，针对学生进行深入的思想政治教育，帮助他们尽快适应大学生活。辅导员应了解每一位新生的基本情况，把握新生的动态变化，并通过开展主题班会活动进行引导。同时，他们要开展对校纪校规、学院相关制度的教育，提供职业生涯指导，辅助新生养成良好的生活习惯，以及提升他们的综合素质。教学办则负责提供课程指导，包括帮助新生理解和执行选课、排课、学分、学费和教材等相关事务，以确保新生充分了解并遵守学校的课程教学规定。各专业教研室需要进行专业介绍，这包括专业概况、学习内容以及未来的就业前景等

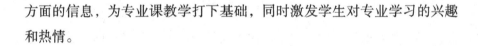

方面的信息，为专业课教学打下基础，同时激发学生对专业学习的兴趣和热情。

（三）抓好入学教育教师队伍建设

在实施大学生入学教育时，加强教师队伍建设的重要性不言而喻。它涉及的不仅是提升教育质量的需求，也包含了为新生提供一个富有支持和关怀的大学生活环境的追求。教育队伍的优秀与否，会直接影响到新生对于学校、社会甚至自我价值认知的构建，进而对他们的大学生活产生深远的影响。加强大学生入学教育工作队伍的建设，要求高校注重教师专业素质的提升与教师的教育理念的塑造。开展大学生入学教育工作，需要教师队伍具有丰富的专业知识和教育技能，满足新生多样化、个性化的需求。更为关键的是，教师队伍还需要理解并接纳"三全育人"理念，认识到教育并不仅是传授知识，还要全面关注学生的发展，包括他们的智力发展、情感社会发展以及道德发展。只有以此为指导，才能让新生从入学的第一天起就开始接受全面的教育，充分挖掘自身的潜力，为他们未来的学习生涯打下坚实的基础。

（四）把握好入学教育的三个阶段

第一个阶段是新生入学之前。从招生录取到新生报到这一时期，是开展大学生入学教育的最佳时机。对于即将成为大学生的他们来说，对即将踏入的学校、将要研究的专业、未来的教师和同学们都满怀期待，同时有许多疑虑等待解答。在这一时期，高校如果适时地引入大学生适应性教育，能够产生积极的教育效果。在入学前，高校可以开展的教育活动主要有以下几项：一是在发放录取通知书的过程中，可以发送一封致家长和新生的信件。信中，高校可以鼓励家长继续参与并关注学生的教育成长过程，同时为新生提供一些关于如何做好开学准备的建议和指引，这些都是对新生至关重要的教育内容。二是高校可以建立师生之间的网络社交平台，包括各类交流平台，如新生的 QQ 群、微信群，以及网络思想政治教育平台，如学院的官方微信公众号和个人微信公众号等。在开学前，高校可以通过这些平台发布迎新的注意事项，介绍学院的情况，解答各种问题，以指导学生做好入学准备和适应大学生活。三是高校可以通过电话家访或网络平台，提前与生活困难的考生、二志愿高分考生、偏远地区的考生、少数民族的考生、可能存在心理调适问题的考生等进行接触和关注，尽早了解他们的具体情况，从而能够在开学后有针对性地开展相关工作。

第二个阶段是新生报到以及入学教育阶段。新生报到和入学教育阶段标志着大学生活的开始，同时是高校集中开展新生适应性教育活动的重要阶段，这一阶段，有两个教育时机值得高校特别关注：

一是新生报到以及迎新当天。这是新生和家长对大学建立初步印象的关键时刻。高校需要有效地利用迎新现场和宿舍环境的布置来塑造和传递学院文化，举行有仪式感的教育活动，让学院的优良风气如春风化雨般潜入学生心底，温润而深远，从而潜移默化地培养学生的归属感和荣誉感。另外，高校还需要利用家长会的机会建立与家长的联系，取得他们的信任，从而为新生的教育成长提供更为坚实的后盾。

二是新生入学教育阶段。通常情况下，新生入学教育活动会在 9 月进行。这一阶段是新生熟悉大学环境、完成从高中生到大学生角色转换、养成良好习惯、锤炼意志品质的最佳时期。因此，高校需要精心设计教育内容，制定周详的教育方案。新生入学教育通常会包括开学典礼、新生见面会、校史校情教育、班会以及新生素质拓展活动、校规校纪教育、校园安全教育、学籍管理和宿舍管理教育、社会主义核心价值观教育、军事教育、专业教育等内容。通过这些活动，高校能够引导学生更好地融入大学生活，为未来的学习和发展奠定坚实的基础。

第三个阶段是整个大一阶段。这一阶段是为了巩固早期教育的成效，继续推进新生入学教育，帮助新生顺利度过适应期，明确学习目标，并为他们自主选择发展方向打下坚实的基础。根据不同的时间节点和教育需要，高校可以开展一系列新生入学教育活动，如爱国主义教育、节假日安全教育、党团组织教育、心理健康教育、朋辈关系教育、生涯规划教育、诚信教育、考试规则及风纪教育、学术规范教育以及专业领域教育等。同时，为了进一步提升新生适应性教育的效果，高校还需要建立新生入学教育考核制度。通过设立新生入学教育专项考试，以及实施定性和定量相结合的评价观测点，如学习成绩（平均分和平均绩点、大学英语四六级通过率、挂科率、学业警示率）、学风建设（课堂出勤率、科技活动和学科竞赛的参与率、获奖率）、问题学生的转变情况等，高校可以实时监控和评估新生入学教育的效果，及时调整和优化教育内容和方式，确保教育目标的实现。

（五）运用多元化的教育方式

在"三全育人"理念的指导下，运用多元化的教育方式对新生的入学教育至关重要。运用多元化的教育方式意味着高校需要更好地尊重和照顾学生的个体差异。每一位学生都有自己的学习风格、兴趣爱好和发展需求，教育方式的多元化可以为满足这些个体差异提供可能。通过灵活运用课堂讲授、专题讲座、主题班会、实践训练等多种教育方式，高校可以更好地满足学生的多样性需求，充分调动学生的学习积极性，帮助他们更好地适应大学生活，引导学生学会生存、学会学习、学会关心、学会创造。

在大学入学教育中，课堂教学以外的各类活动，如心理咨询活动、学生社团活动、多样化的爱国主义教育项目、丰富多样的文化和体育活动以及实践性的社会活动，它们在某种程度上都可以被视为教学的补充和扩展，为大学生踏入社会打下必要的基础。通过主动参与和积极投入这些活动，大学生有机会扩大自己的认知领域、积累更多的知识，并锻炼和提升个人的各项能力。无论是以服务社会为目标的志愿活动、以实践为主导的社会实践活动，还是以娱乐放松为主的社团活动、文体活动，都应以培养学生的创新精神、进步精神、爱国精神、集体主义精神以及民族精神为核心。在这些活动中，学生应持有积极向上的态度和正确的价值取向。在参与活动或实践过程中，学生可以通过自我反思和自我理解，以此加深对自我特性和价值的认识。并且，在与他人的互动和交流中，他们也有机会提升自己的思想道德品质，锻炼个人的综合素质。为了帮助新生更快地适应大学环境和生活，高校可以开展各种形式和类型丰富的全人教育活动。例如，心理健康教育、专业发展讲座、新生社交舞会、大学生职业生涯规划等活动，可以帮助新生迅速融入大学生活，了解并适应大学生活的节奏，也有助于他们确定自己未来的发展路径。

（六）落实好三项教育内容

新生适应性教育内容是适应性教育目标的具体化，必须紧紧围绕帮助新生适应大学生活、顺利度过适应期的目标进行精心选择和合理安排，突出重点，增强针对性、规范性和系统性，落实好以下教育内容（见图5-2）。

图5-2　新生适应性教育的三项重点教育内容

1. 学生事务

新生进入大学校园后首先遇到的就是各类学生事务问题，如果不尽快地使学生知悉，就会出现管理混乱的问题。因此，要详细地向新生介绍宿舍管理的相关要求、课堂出勤和行为规范；具体讲解家庭经济困难学生的资助政策和程序、各类奖励的评选条件和标准、大学生违纪处分条例等；开展以防骗、防火、防危化品为内容的安全教育，引导学生合理使用网络，不信谣、不传谣，尽快使新生产生安全感和归属感。

2.思想教育

大学新生出现适应性问题，其中一个重要的原因在于目标茫然。进入大学以后，相比高中具有明确的升学目标，大学的学习目标出现了"真空期"。因此，加强理想信念教育，帮助新生重新确立奋斗目标也是新生适应性教育的一项重要内容。通过生涯规划教育，引导新生高质量度过大学生活。开展党课、团课教育，介绍入党条件，满足学生政治上追求进步的需求。通过班集体建设、社会主义核心价值观教育、人际关系讲座等，强化新生的集体观念、角色意识、责任意识等。开展女生专题教育，引导女大学生自立自强、自尊自爱。

3.学业引导

从中学到大学最重大的一个转变就是教学模式和学习方式的变化，从以往的经验来看，部分学生由于没有很好地适应大学的学习方式，从而产生了严重的学业问题。因此，在新生适应性教育中，增加以旨在帮助新生形成与大学特点相适应的学习方式的学业引导内容就至关重要了。具体内容为：向新生介绍学籍管理规定，明确毕业和取得学位的条件，明确专业学分要求，熟悉选课、补考、重修、学业警告、末位通报、试读、退学等相关规定，帮助新生了解所学专业的培养方案、课程设置、专业方向，了解参与科技创新项目、考研、出国、创业等进一步深造的具体条件和要求，介绍大学教学特点和学习方法，指导新生科学利用校内各种学习资源。

第二节 大学生学中教育

一、大学生学中教育的内容与任务

（一）大学生学中教育的内容

学中教育介于新生入学教育和毕业教育之间，是大学教育中最为关键的环节，一般在大学生涯的第二学期至第六学期进行。这一阶段既继承并深化了入学教育所确立的基础，又为毕业教育的实施打下充实的预备，它在大学思想政治教育的执行过程中扮演着核心角色。

学中教育在思想政治教育中的重要性表现在其持续的时间长度、广泛的参与度以及最为深远的影响力。它涵盖了思想政治教育的全部内容，贯穿了学生的日常生活和学习过程。具体来说，学中教育主要涉及以下几个方面的内容：①对学习观念和学习方法的教育，以帮助学生建立正确的学习态度，掌握有效的学习技巧；②对就业观念和职业生涯规划的教育，以引导学生对未来职业有一个清晰的目标和规划；③对人际关系观念和人际交往的教育，以帮助学生建立良好的人际关系；④对网络行为规范的教育，以引导学生在网络环境中行为规范；⑤对心理健康的教育，以提高学生的心理素质；⑥对祖国历史的教育，以增强学生的爱国主义情怀；⑦对传统文化的教育，以培养学生的民族自豪感；⑧对礼仪的教育，以提升学生的社会修养；⑨对国情的教育，以加深学生对国家发展的认知；⑩对诚信的教育，以塑造学生的道德品质；⑪对艰苦奋斗的教育，以鼓励学生克服困难，努力进取；⑫对遵纪守法的教育，以帮助学生建立正确的法治观念等。总的来说，学中阶段教育在大学生的整个教育过程中具有无可替代的地位。

在学中教育阶段，学生已经基本实现了从中学阶段到大学阶段的角色转换，由此而蜕变为真正的大学生，开始构建并展现大学生的身份认同、思考模式和行为模式。这一阶段，高校思想政治理论课程的开展，大学生综合素质评估方法的实施，进一步强化了学生对"思想政治品德"和"思想政治教育"概念的理解与认同。在此阶段，"不唯分数论英雄"的教育理念逐渐得到体现并深入学生心中，使大多数学生能够在"德"和"智"这两个维度自觉地思考并规划自己的成长路径和发展目标。这一阶段的教育工作对塑造学生全面发展的价值观和引导其自主发展具有至关重要的作用，它使学生理解并接受，除智力发展外，德育、人格成长、社会责任感以及其他非学术因素同样对他们的人生轨迹产生重大影响。这一阶段的教育，有助于推动学生成为具有社会责任感、具备深厚人文素养和创新精神的现代公民。

在此阶段，高等教育中的学生积极分子（包括学生党员和学生干部）开始广泛投身思想政治教育工作。他们既担任"执行者"的角色，在辅导员和班主任的指导下协同开展日常的思想政治教育活动，同时化身为"策划者"，主动设计并实施特定的日常思想政治教育活动。实际上，在高校实施思想政治教育的过程中，大学生作为高知识、高文化、高素质的群体，他们中的积极分子在辅导员和班主任的指导下，有能力并且有责任自主开展日常思想教育工作。而且，他们人数众多、能量强大，有助于更全面、更细致地开展教育工作。由于他们自身是学生群体的一部分，他们的学生身份更有利于使教育工作更贴近学生、贴近实际。学生积极分子参与思想教育工作，不仅有利于推动教育工作的有效实施，还有助于提升他们自身的思想素养和社会工作能力。这将有助于在"面"的层次上做好思想教育工作的同时，也在"点"和"线"的层面实现人才培养的目标。他们的参与将以具体的行动解释和实践"三全育人"的理念，这对全面提升大学生的综合素质和社会责任感具有重要的推动作用。

（二）学中教育阶段的主要育人任务

在学中教育阶段，高校主要的育人任务包括两个方面：第一，教育者需要积极调动学生干部的活跃性和主动性，并提升他们的工作能力和效率。这就需要他们扮演好三个角色：作为策略师，贡献独特的思考和创新想法；作为指导者，提供鼓励和支持；作为监督者，确保严格的管理和检查。他们的目标应当是保证思想教育工作在符合中国特色社会主义核心价值观的轨道上正确运行，同时充分发挥学生干部的积极作用，形成强大的群体教育力量，以此实现日常思想政治教育的目标。第二，教育者应当特别关注特殊学生群体，如那些存在心理健康问题、家庭经济困难、学习成绩差、网络依赖以及具有极端思想的学生。这些学生的问题通常在新生入学教育阶段难以发现，而在学中教育阶段则成为问题的集中暴露和爆发期。因此，教育者需要采取个性化的教育方法，针对每个个体的特定问题进行解决，保证教育工作的深度和广度，确保每个学生都能实现全面发展。

二、学中教育融入"三全育人"理念的重要性

大二和大三是学生在大学中的学中教育阶段，这一时期学生基本已经适应了大学生活和学习环境，可以进一步提升学术水平，丰富社会实践经验，形成长远的职业规划。实施"三全育人"，高校可以有针对性地推动学生的全面发展，使他们在学术、社交、生活等多个领域都能得到充分锻炼和发展。

在学中教育阶段，融入"三全育人"的教育理念，有利于提升学生的学术水平。全程教育的实施意味着，从学生入学开始，就有一整套的教育计划和课程体系支持学生的学习。在大二和大三阶段，学生可以通过全程教育中的高级课程和专业课程，深化专业知识，提升研究能力，有针对性地提升学术水平。全程教育不仅包括课堂教学，还包括课外活

动、实践经验和职业规划等各个方面的培养。这样的全程关注和引导让学生时刻感受到学校对他们个人成长和发展的重视，有助于增强他们的归属感和安全感。

在学中教育阶段实施全员教育，有利于丰富学生的社会实践经验。全员教育强调所有人（包括教师、职员、学生和社区成员）共同参与学生的教育生涯，为学生提供丰富的社会实践机会。在大二和大三阶段，学生可以通过参与各种课外活动、社团活动，甚至是学校管理、学术研究等，获得实践经验，提升社交技能，增强团队协作能力。全员参与的模式使教育活动能够渗透学生的日常生活，从而使教育更具实效性。在这样的环境中，学生能够感受到他们的学习和发展是被认真对待的，他们的努力和成就是被看见和认可的，这无疑会鼓励他们更加积极地投入学习和探索中。

全方位教育的实施，有助于学生形成长远的职业规划。全方位教育强调在所有场合和所有时间都进行教育活动，包括对职业规划的引导和教育。在大二和大三阶段，学生对自己的未来有了更清晰的认识和规划，学校可以通过全方位教育，提供职业规划指导，帮助学生理解各种职业的特点和要求，明确自己的职业方向和发展路径。在"三全育人"理念的指导下，学生不再是被动的接受者，而是可以主动参与自己的学习和发展过程，充分发挥自己的主体性，激发出自己的自主探索精神。

此外，在学中教育阶段融入"三全育人"的教育理念，学生能够有更多的机会接触到不同的知识和经验，理解和接受多元化的世界。例如，除了课堂教学，社团活动、课外实践、社区服务等都可能成为学生认识世界的窗口。这有助于他们建立全面的世界观，理解多样性，包容差异，也能在实践中形成和坚定自己的人生观和价值观。

三、"三全育人"背景下的大学生学中教育策略

(一)强化思想政治教育主体的能力提升

在学中教育过程中,高校需要强调教育工作者对"三全育人"理念的理解和掌握。这包括对其具体含义的理解,以及如何在教育工作中贯彻这一理念。为此,教育工作者需要不断提升自己的思政教育水平,以满足新时代下教育者的基本要求。同时,教育工作者需要主动进行专业能力的更新与提升,具备新时代所需的教育技术和技能。例如,网络技术的使用已经成为现代教育中必不可少的一部分,教育者应熟悉并掌握不同的网络教育平台和工具,能够利用网络技术创新思政教育方式,以满足"全员育人"理念中的全程和全方位要求。

在全员育人的实施过程中,所有的教育工作者,无论是教师、行政人员还是辅导员,都需要对自身的思政教育意识进行提升。他们应当能够运用网络技术,在不同的场合和时间点为学生提供持续的教育支持。为此,高校可以设立专项培训,强化教育工作者的网络思政教育能力。例如,可以进行定期的网络教育工具操作和应用培训,或者定期对教育工作者进行网络思政教育理念和方法的教学研讨。高校还需要关注教育工作者的积极性,因为他们的教学态度和教学积极性将直接影响教学效果。为了提高教育工作者的积极性,学校可以设立激励制度,表彰在教学中表现优异的教育工作者,以此激发他们的教学热情,推动教育的持续发展与进步。

(二)强化思想政治教育的连续性和持久性

在"三全育人"理念的指导下,高校需充分认识到思想政治教育全程育人的核心地位。因此,高校在学中阶段开展思想政治教育,需要特别关注其持续性的提升。教育者需要注重创新教育形式,以适应不同的

教育场景和时间。教育者要结合本校的学科建设现状，设计并实施思想政治教育活动。在课程间隙，假期或者节假日等特定时间，也应该组织实践教育活动，保证教育工作的连续性。

在学中教育阶段，教育者可以利用微信、钉钉等社交媒体平台，与学生进行有效的交流和信息共享，以确保学生在课堂外的时间，仍然可以接收到高质量的思想政治教育。此外，高校的专业课教师也应积极参与到思想政治教育中，探索专业课程与思想政治教育的交叉融合点。他们在教授专业知识和技能的同时，应引导学生形成健康的价值观和职业道德。例如，在详细介绍专业在社会实践中的运用流程和注意事项时，强调道德观念的重要性，使学生明白拥有良好的道德观念对他们个人发展的重要性。这样，不仅能实现学生在知识技能上的提升，还能促进他们在道德素养上的提升，从而实现对学生全面、均衡的培养。

（三）强化思想政治教育工作的实效性

在当前的高校教育实践中，存在一部分学校对思想政治教育的重要性认识不够，未能构建一套完整的教育体系，甚至有些学校将思想政治教育仅视作一种必须完成的任务，导致相关教学内容形式化。为解决此问题，高校应注重强化思想政治教育工作的实效性。具体来看，高校在学中阶段开展思想教育时，可以从以下四个方面加强思想政治教育工作的实效性：第一，确立大学生在教育过程中的主体性地位。高校所有的教学活动都应围绕提升学生的综合素质来进行。思想教育也不例外，需要根据学生的具体需求和特性，提升其思想政治素养，以此激发他们的学习热情。第二，设计丰富多样的教学实践活动。这里的教学实践活动既包括与思想政治教育相关的活动，如参与社区服务、公益活动等，也包括与专业技能提升相关的活动，如岗位实习、专业技能竞赛等。这些活动的目的是帮助大学生主动提升他们的思想政治素养。第三，高校应充分运用网络教学平台和官方社交媒体，传播先进的思想政治理念，并通过设置知识问答等方式，检查学生对这些理念的理解和掌握情况。第四，高校在对学生进行日常管理的过程中，应当融入思想政治教育的相关内容和元素，为学生提供一个充满正能量的校园环境，进而营造全面的育人氛围。

第三节 大学生就业指导教育

一、大学生就业指导教育的内容

从概念上看，大学生就业指导教育可以分为狭义和广义两种。从狭义的角度出发，大学生就业指导教育主要是指高校如何向即将毕业并步入职场的大学生提供具体的就业信息，协助他们与潜在雇主建立联系，从而帮助学生顺利地找到并获得工作机会。狭义上的大学生就业指导教育主要强调高校作为连接学生与雇主的桥梁，协助双方进行有效的资源匹配。

从广义的角度出发，大学生就业指导教育不仅仅局限于信息的传递和资源的匹配，而是指高校需要结合当前的国家政策和社会需求，为在校生提供一系列有助于他们选择合适的职业，实现职业发展，并在工作中不断提升自我的知识、技能和经验。广义上的大学生就业指导教育强调的是高校在学生的职业发展过程中所起的全方位、长期的辅导和引导作用。大学生就业指导教育主要涉及预测就业市场的劳动力供需状况，收集和传递就业相关信息，培养大学生的职业技能，组织就业招聘活动，并提供与就业相关的综合性咨询服务。

当前，大学生就业指导教育的内容主要包括以下几个方面。

（一）就业思想教育

就业思想教育贯穿就业指导的全过程，是日常思想教育的深化和扩展。在就业思想教育中，教育者的主要任务是要把正确的世界观、人生观和价值观融入就业指导的各个环节，比如求学路径的规划，职业生涯的设计，职业选择的标准，求职道德的塑造，成才道路的构想等。就业思想教育的目标是帮助学生塑造正确的择业观，让他们能够把自我价值的实现与社会需求相结合，倡导他们秉持无私奉献的精神，积极面对困难，奋发向前。就业思想教育要引导毕业生在面临求职择业时，正确认识社会和自我，进而调整自己的择业期望。在这一过程中，他们既需要有面对现实，保持积极健康心态的准备，又需要具备勇于竞争，坚守诚信的决心。在选择职业的过程中，他们需要克服"等、靠、要"的消极思想，以积极主动的态度来适应社会的需求。

具体来看，就业思想教育主要涉及以下三个方面的内容（见图 5-3）。

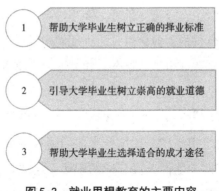

图 5-3　就业思想教育的主要内容

1. 帮助大学毕业生树立正确的择业标准

在就业思想教育中，协助大学毕业生建立正确的择业标准是一项至关重要的任务。正确的择业标准不仅关乎个人的职业满意度，也对毕业生的长期职业发展有着深远的影响。

教育者在帮助毕业生建立正确择业标准时，需要深入探索每个学生的个人兴趣、能力和价值观，鼓励学生尊重自己的兴趣和热情，同时需要让他们理解，选择职业是一个复杂而全面的过程，在择业时应充分考虑自己的能力和长期职业发展计划。教育者还应让毕业生了解适应社会需求和行业变化是职业成功的关键，因此选择一个有发展潜力的行业或领域至关重要。与此同时，教育者要引导毕业生意识到，他们的职业选择应基于对自身和社会的责任感。他们不仅要追求自我价值的实现，也需要对社会做出贡献。这种责任感会引导学生做出更符合自我价值和社会需要的职业选择。在这一过程中，高校可以提供必要的资源和支持，包括职业规划咨询、行业研究报告、校友网络等，帮助学生做出明智的职业选择。通过这种全方位的指导和支持，大学毕业生可以树立正确的择业标准，从而实现他们的职业目标和人生价值。

2. 引导大学毕业生树立崇高的就业道德

培养大学毕业生树立崇高的就业道德是就业思想教育的重要方向，教育者需要激发和强化学生的职业道德意识，并引导他们形成高尚的职业品格。一个人的职业道德，表现为其对工作的责任感、敬业精神和公平公正的待人处世态度，这些是每个参与工作的个体都应具备的基本素质。

一个有崇高职业道德的大学毕业生，会深入理解和尊重自己的工作，坚守岗位，履行职责，不计较个人得失，始终坚守自我价值观和社会公正的原则。他们会把客户、社区和社会的需求放在首位，以诚信、公正和尊重为原则与人交往。对即将步入社会的大学毕业生来说，学校要通过各种方式和机制，如课程、讲座、实习、志愿者活动等，强化职业道德教育，使他们明白职业道德不仅是他们个人品格的体现，也是社会公正和谐的基石。

在职业道德教育中，大学毕业生需要明白，他们的每一个决定和行为，都会影响自己的生涯发展，也会影响他人和社会。他们应该珍视并尊重他人的权益，以公平公正的态度对待每一个任务，对待每一位合作伙伴。这种崇高的职业道德不仅将使他们在职业生涯中立足，而且会深

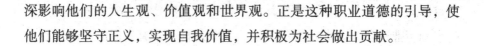

深影响他们的人生观、价值观和世界观。正是这种职业道德的引导，使他们能够坚守正义，实现自我价值，并积极为社会做出贡献。

3.帮助大学毕业生选择适合的成才途径

选择适合的成才途径是每一个大学毕业生面临的重要课题，而就业思想教育旨在帮助学生对自己的职业发展路线有一个清晰、可行的规划，以便他们能有效地实现自身价值，同时对社会做出积极贡献。

适合的成才途径并非一蹴而就的选择，而是需要基于学生个人的兴趣、能力、专业背景和市场需求等多元化的因素来综合考虑。其中，一个重要的前提是帮助学生认清自己的特长和潜力，以便他们能在职业发展中找到最适合自己的道路。具体来说，就业思想教育应着力引导学生对自我进行深入的认知，明确他们的职业兴趣和职业价值观，同时应鼓励他们积极关注社会动态，洞察行业发展趋势，以便他们能对所选择的成才途径有一个全面、深入的了解。在选择适合的成才途径时，大学毕业生需要了解，没有绝对的好与坏，只有更适合自己的选择。无论是选择技术专业领域，还是选择管理层，抑或是创业，都可以成为他们实现个人价值的成才途径。此外，对于那些因各种原因，暂时无法找到理想工作的毕业生，就业思想教育也应提供引导，帮助他们在求职过程中保持乐观和积极的态度，鼓励他们尝试不同的机会，甚至转型，从而在变化中找到适合自己的成才途径。

（二）就业政策指导

作为劳动就业的重要组成部分，大学生就业无疑是受到国家就业政策方针的影响和约束。就业政策是国家为达成特定时期目标，以适应经济建设和社会发展的需要所制定的行为规则，是大学生求职选择职业的重要参考。然而，一部分大学毕业生对国家的就业政策了解不足，这导致他们在选择职业时的决策常带有一定的随意性和盲目性。因此，广泛进行就业政策的宣传和教育是至关重要的，这能帮助学生了解国家制定的全国性就业政策，以及有关部门、各省市的行业性、区域性就业政策，以及所在学校制定的具体就业工作实施意见。了解就业政策可以引导毕业生避免在选择职业时出现误区，也有利于他们结合国家需求和个人实际，进行有针对性的职业选择。进一步说，只有当毕业生充分了解并掌握就业政策，他们才能更好地保障自身的职责、权利，从而顺利完成求职和职业选择过程。

就业政策指导的核心内容包括就业方针和原则、各类就业渠道、就业鼓励政策以及创业激励措施等多个方面。就业政策指导，就是要让大学生正确地、及时地熟识并适应不断更新的就业政策。通过对国家就业政策的深入分析，学生可以更好地运用这些政策来保障自己的合法权益。在面临各种就业问题时，大学生也必须始终保持对法律规定的尊重，确保所有行动都在合法的范畴内进行。

（三）就业形势指导

就业形势指导是就业指导教育中的重要环节，它涵盖了对当前的经济环境和行业趋势的深度理解，以及对未来就业市场的预测和判断。了解和掌握正确的就业形势，不仅可以帮助学生更好地理解当前的经济发展态势和劳动市场的需求，而且可以使学生在毕业后的职业选择过程中更具针对性和前瞻性。

具体来说，就业形势指导主要包括对当前的社会经济发展状况和对未来发展趋势的研究与分析。在当前的社会经济形势中，它要求学生理解并熟悉劳动市场的供需关系，了解行业发展状况，特别是对自己专业领域的行业发展趋势有一个清晰的认识。这样，学生可以根据自己的专业知识和技能，结合自己的兴趣和理想，选择最适合自己的职业发展路径。而对未来的预测和判断则更加考验学生的战略眼光和前瞻性思维。这需要学生对宏观经济形势，如经济周期、政策导向、产业升级等有一个深入的理解和分析，对新兴产业，如科技、环保、健康、教育等有一种敏锐的洞察力。这样，学生可以在毕业后的求职过程中，不仅能够应对当前的就业形势，而且能够预见未来的就业趋势，从而做出更为精准的职业选择。

就业形势指导是就业指导教育中的一项重要工作，旨在帮助学生更好地理解和应对复杂的就业市场，从而在毕业后的求职过程中做出最佳的职业选择。

（四）就业策略指导

就业策略指导也被称为就业技术或技巧指导，即对大学毕业生求职择业的策略、方法、手段、技巧等具体操作环节进行指导❶。在现代社会，掌握必要的求职技能对于毕业生顺利地进行求职和职业选择至关重要。就业策略指导旨在使学生明确自己的长期和短期就业目标，以便在适应不断变化的就业市场需求的同时，能够有效地实现自己的职业愿望。

就业策略指导通常包括以下内容：一是学生的自我评估和职业定位。教育者应帮助学生明确自己的职业兴趣、能力、价值观和期待，确定职业目标和职业方向。二是理解和掌握求职的技巧和方法，教育者要指导学生如何有效地寻找工作机会，如何准备简历和求职信，如何进行面试等。三是帮助学生理解和掌握职业发展和职业规划的策略，使他们能够在毕业后的职业生涯中做出明智的决策。四是帮助学生理解和应对可能遇到的就业挑战，如职业变动、就业竞争、职业压力等，提高自身的职业适应性和职业成功率。

（五）职业生涯指导

职业生涯在社会学中是指个人职业的连续发展或职业连续性变动的过

---

❶ 王炼．大学生就业指导[M]．北京：北京理工大学出版社，2018：4．

程。职业生涯指导旨在帮助个人深入理解自身职业兴趣、能力和价值观的教育性过程，使其在复杂的工作市场中做出有意义且满意的职业决策。

职业生涯指导的核心在于帮助个人进行自我探索，识别个人的职业兴趣和潜在的职业技能，同时结合市场趋势和就业情况，制定实现职业目标的策略。通过自我认知，个人可以更好地理解自己适合的工作环境、职业类型和可能的职业路径。另外，职业生涯指导也强调终身学习和持续的个人发展。随着经济和工作环境的变化，个人需要不断调整和更新自己的职业规划。在这个过程中，职业生涯指导旨在帮助个人培养灵活适应的能力，不断学习新的技能，适应新的工作环境和挑战。职业生涯指导并不只是关注个人的就业问题，它也关注如何在个人的工作生涯中提升满意度和幸福感。这需要通过助人理解自己的价值观，以及如何通过工作来实现这些价值观，包括与他人建立有意义的关系、实现个人成就、提供有价值的服务等。

职业生涯指导是一个帮助学生进行深度自我探索的过程，侧重于帮助个人发掘自己的职业兴趣和能力，发展职业规划，并持续调整和发展以适应变化的环境，同时寻求在工作中获得满意度和幸福感。

（六）就业心理指导

就业心理指导是帮助大学生理解和应对就业过程中的各种心理压力，克服求职焦虑，建立良好的职业心态，并进一步提升自我认知和决策能力的教育过程。

就业过程常常充满了不确定性和压力。未知的工作市场环境、激烈的竞争，以及大学毕业生可能面临的职业困扰和期望落差，都可能产生一定的心理负担。在这种背景下，就业心理指导的重要性不言而喻。它通过引导大学生正确理解和应对这些压力，帮助他们建立起积极的应对策略，从而减轻心理负担，增强自信心，提升求职效率。就业心理指导同时也侧重于提升大学生的自我认知。通过自我评估和反思，引导大学生认清自己的长处和短处，明确个人的职业兴趣和目标，有利于他们在就业市场中做出更加明智的决策。这种自我认知不仅可以增加就业成功的可能性，也有利于他们找到真正符合自己期望的工作，从而提升职业满意度。

就业心理指导通过有效的心理干预和教育，有助于大学生更好地应对就业压力，提升求职效率和职业满意度，是他们顺利过渡到职业生涯的重要支撑。

（七）社会适应指导

社会适应指导帮助大学生从学校生活的环境转变到工作生活的环境，更好地融入社会，快速适应新的角色和职责。当大学生走出校园，步入社会，他们往往面临着种种挑战。这些挑战可能涉及工作压力、人际关系、工作习惯等各个方面。由于大学生在学校和工作场所的环境有很大差别，他们可能会遇到很多新的问题和困惑。这时，社会适应指导的重要性就显现出来了。它通过实用的策略和方法，帮助大学生理解社会规则，建立良好的人际关系，管理和适应工作压力，以及高效地完成职业任务。此外，社会适应指导还关注大学生的职业态度和价值观的塑造。因为这些不仅影响他们的职业生涯，也影响他们的生活质量。通过社会适应指导，可以引导大学生树立正确的职业观念，明确职业道德，理解社会责任，从而更好地适应职场，实现自我价值。社会适应指导是一个全面的过程，它通过多元化的指导策略，帮助大学生应对工作生活中的挑战，促进他们的社会适应能力，从而顺利地从学生角色过渡到职业角色，实现职业和个人生活的平衡。

二、大学生就业指导教育的意义

（一）帮助学生树立正确的就业观念

在现代社会，就业观念的正确与否直接影响着个人的就业质量和生涯发展。大学生就业指导教育通过引导学生理解社会就业现状，从而帮助他们形成正确的就业观念，包括理解劳动的价值，树立艰苦奋斗的精神，尊重各种职业等。此外，它还强调对就业市场现状的理解，帮助学生建立对社会就业环境的认识，从而使他们更加明智地做出职业选择。

大学生就业指导教育以系统性和持续性的方式，帮助学生树立正确的就业观念，引导他们面对日新月异的就业市场。由于社会的变迁和发展，以及科技进步的驱动，就业环境和工作性质都在不断地发生变化，因此学生的就业观念也需要及时得到更新和调整。教师在对学生进行就业指导教育时，需要将全球化视野、市场动态以及对未来就业趋势的预见性考虑纳入教学内容当中，帮助学生构建更为宽广且实际的就业观念。教育者要让学生理解劳动的意义，尊重所有职业，理解社会需求，也要引导他们认识到职业生涯的不确定性和可塑性，鼓励他们积极规划自己的职业道路，适应社会的发展，乃至提前对未来可能出现的机遇和挑战做好准备。

大学生就业指导教育将个体的价值观和个人理想融入就业观念的建设中，鼓励学生将自我实现与社会价值观紧密相连，找到自我价值实现与社会需求之间的平衡。大学生就业指导能够帮助学生树立更为健全的就业观念，同时有助于他们找到更为满意的工作，实现自我价值的最大化。

（二）帮助学生正确地认识自己

自我认知是个体制定职业目标和规划的基础。大学生就业指导教育通过心理测试和个性分析等手段，帮助学生了解自己的兴趣、能力和价值观，从而形成对自身的正确认识。只有了解自己，才能选择最适合自己的职业路径，使个人发展与职业生涯规划相得益彰。

大学生就业指导教育注重对学生个体特征的挖掘和激发，包括他们的能力、兴趣、价值观、职业志向等，从而促使他们对自我进行深度理解和全面认知。在这一过程中，教育者扮演着关键角色，他们不仅可以为学生提供工具和资源，如各种职业兴趣测试、能力测评工具等，帮助学生系统性地了解自身的特征和潜能，而且可以为学生提供指导与咨询服务，引导学生反思自己的价值观、兴趣和目标，促使他们从多角度、全方位认识和了解自己。同时，学生需要在反思中积极参与，审视自己的优势和弱点，认清自身的长处和短板，理解自己的兴趣所在和热情之源。通过对自我认知的深化，他们能更好地明确自己的职业方向，找到最符合自己特质和兴趣的工作岗位，实现自我价值和职业生涯的最佳匹配。

更重要的是，正确的自我认知也将帮助学生理解，自己的能力和兴趣是可以随着时间的推移而发展和改变的，他们能够在职业生涯中继续学习和成长。这种成长型思维能让学生在就业过程中更具适应性和灵活性，面对职业生涯的变化和挑战，他们将拥有更强的韧性和自信。

（三）提高学生的就业能力

就业能力是学生成功踏入职场的关键。大学生就业指导教育不仅传授了求职过程中的应有技巧，如简历编写、面试技巧等，还着重培养学生的职业素养，包括沟通能力、团队合作、决策能力等。这些就业能力的提升，将极大地增加学生适应职场、成功就业的概率。

大学生就业指导教育在提高学生就业能力方面发挥着至关重要的作用。这种能力的提升，涉及求职技能的培养、职业生涯规划的引导、职业适应性的培养等多个层面。求职技能的提升，不仅包括如何有效地撰写简历、如何在面试中展现自我等具体的求职技巧，更包括如何持续关注和了解就业市场动态、如何准确分析个人优势与岗位需求的匹配度等策略性能力。通过系统的指导和实践，学生能够更加熟练和自信地进行求职活动，提升求职成功率。

大学生就业指导教育应帮助学生理解职业生涯不仅是一次就业选

择，更是一个持续的、动态的过程。因此，如何根据个人兴趣、能力、价值观以及外部环境因素，制定并执行长期的职业生涯规划就显得尤为重要。通过制定职业生涯规划，学生能够更有目标和方向地进行就业选择和职业发展。此外，大学生就业指导教育能够帮助学生理解和应对职场环境的复杂性，包括人际交往、组织文化、职业道德等。这种适应性的培养，不仅可以帮助学生在求职后顺利过渡到职业角色，还能在后续的职业生涯中，帮助他们更好地应对职业转换、职业发展等各种挑战。

三、"三全育人"理念融入大学生就业指导教育的必要性

"三全育人"理念强调的是"全员育人、全程育人、全方位育人"，它为大学生就业指导教育提供了全新的视角和方法。"三全育人"理念的实施对高校完成立德树人这一根本任务具有重要的意义，与新时期社会及高等教育发展的趋势相契合，对于推动大学生就业指导教育的改革与发展，提高大学生的就业质量，具有深远的意义。

在高等教育领域中，实施立德树人的教育任务是至关重要的，它是对"培养什么人""怎样培养人""为谁培养人"这一核心问题的回应。就业指导工作作为高校教育的一个重要环节，同样需要深刻理解并坚持这一核心任务，将其转化为实际的教育价值目标。"三全育人"理念是以立德树人为中心，通过"全员育人、全程育人、全方位育人"的方法，为高校就业指导工作的实施提供了具有指导意义的范式。"三全育人"理念，将立德树人的核心任务具体化、可操作化，为其实现提供了可行的途径。一方面，高校就业指导工作是一项系统性的、全局性的工程，可以将立德树人的理念转化为具体的实践活动，为学生的成长提供全方位的指导和支持。另一方面，由于高校就业指导工作的主体是多元化的，客体主要是青年大学生，载体是多样化的，因此其运行规律与"三全育人"的基本思路在逻辑上具有内在的契合性。立德树人和"三全育人"的共同价值在于培养社会主义合格建设者和接班人，这是它们

的共同目标和根本任务。"三全育人"理念与高校就业指导工作的融合，将有助于我们更好地实现这一教育目标，为社会输送更多具有全面素质和高素质的人才。

在当前环境下，政府、高校、社会对大学生的就业教育都给予了前所未有的关注，并采取多种策略，集合各方力量，全方位地保障和助力大学生的就业旅程。毋庸置疑，大学生是我们社会进步的重要推动者，是实现中华民族伟大复兴梦想的关键建设者和创新者。他们的贡献和创造最终将在他们未来的职业发展中得以体现。因此，高校就业指导工作不仅需要在技能培养方面为学生提供专业的指导，更需要在价值导向方面，引领学生为国家的发展贡献自己的力量。"三全育人"理念的核心价值目标，是通过"全员育人、全程育人、全方位育人"，塑造和提升学生的世界观、人生观和价值观，鼓励学生在追求个人发展的同时，积极推动社会的进步。因此，"三全育人"的理念不仅与高校就业指导工作的目标高度契合，而且为这项工作提供了深远的价值导向。这种理念与实践深度融合，无疑将更好地推动高校就业指导工作的发展，更好地服务于大学生的就业和个人发展，更好地服务于我们的社会和国家。

（一）"三全育人"理念是开展大学生就业指导工作的必要前提

"三全育人"理念，即"全员育人、全程育人、全方位育人"，强调系统性的育人模式，旨在形成一种全方位、全程式的教育模式。这一理念的提出，为大学生就业指导工作提供了新的理念指引。大学生就业指导不仅提供了就业信息和就业技能培训，更重要的是它帮助大学生正确认识自我，树立正确的职业观和人生观，这需要全方位、全程式的教育模式，从而帮助他们顺利完成从学校到社会的过渡。"三全育人"理念强调对学生的全程指导，这在大学生就业指导中也同样重要。就业指导并不是一蹴而就的过程，而是需要全程跟进，从大学生入学开始，就要引导他们思考未来的职业规划，通过不断地引导和磨炼，帮助他们明确职业目标，形成良好的职业素养。此外，"三全育人"理念更强调全员参与，这在大学生就业指导中也至关重要。就业指导需要全校师生甚至社会各界的共同参与，从学校领导到辅导员，从专业老师到实习导师，甚至家长和社会各界人士，都应参与大学生的就业指导，共同帮助学生确定职业方向，提高就业能力。因此，"三全育人"理念对于开展大学生就业指导工作具有重要的意义，这一理念的贯彻实施将有助于提高大学生就业指导的质量和效果。

（二）"三全育人"理念是培养学生职业素养的重要手段

"三全育人"理念，以理想信念教育为核心，全程、全方位地对大学生实施深远而深刻的思想价值引领，这一理念具有卓越的能量和动力，如同一盏明灯，照亮学生职业生涯的道路。这一理念的实施并不孤立，而是融入就业指导工作的每一个环节中，无论是个人职业规划的制定，还是就业能力的提升，甚至职场适应力的培养都可以体现"三全育人"理念。在"三全育人"理念指导下的大学生就业教育，能够帮助大学生建立正确的价值观和就业观，提醒学生不仅要看重工作的经济回报，更要关注自身的成长与发展，追求个人价值的实现。这一理念更注重培养大学生良好的职业道德与素养，引导大学生珍视诚信、尊重他人、善待自己，使他们在职场上展现正直、公平、责任心强的良好素质。

通过在大学生就业教育中实施"三全育人"，大学生能够以更开阔的视野、更全面的素养，实现个人价值与社会价值的有机统一，进而顺利走上职业成功之路。

（三）"三全育人"理念是满足学生成长发展的现实需要

习近平总书记在多个场合强调满足学生成长发展的需求和期待，呼吁高校尊重每一位学生的个性和发展潜力，以人的全面发展为教育的核心目标。这一观点深刻体现了马克思主义关于人的自由全面发展的理论精神，并逐步转化为现代教育的实践要求。在此基础上，著者认为，高校就业指导工作是实现学生全面发展，满足学生职业发展需求的关键途径。

在快速变化的社会环境中，我国社会主要矛盾的变化导致了新的教育需求和挑战。其中，最为突出的便是解决学生对高质量就业指导的强烈需求与教育发展的不平衡、不充分之间的矛盾。从这个角度来看，高校就业指导工作是一项全程、全方位的系统工程，旨在从学生入学到毕业的全程以及他们成长过程的各个环节提供支持和指导。大学生就业指导教育工作不仅能够塑造和引导学生的就业观，提高他们的就业能力，更重要的是，可以满足他们在不断发展和变化的社会环境中实现个人价值和社会价值的需求。这种对个人发展和职业发展需求的关注与满足，构成了高校就业指导工作的核心价值。同时，"三全育人"理念强调以理想信念教育为核心，全程、全方位提升人才培养能力。该理念的出现不仅有助于满足学生成长成才的需要，还有助于进一步推动"三全育人"理想的实现，它与高校就业指导工作的价值目标高度契合，为促进学生全面发展，实现其职业和人生目标提供了重要的理论指导和实践路径。

四、"三全育人"背景下的大学生就业指导教育策略

（一）聚焦教师力量，推动全员就业教育服务

高校学生就业教育效果的好坏，关键在于教师的投入和参与。要做好大学生的就业教育，高校需要广泛而深入地统筹和利用校内教育、管理、服务的教师资源，激发并充分利用他们的教育优势。高校需要鼓励全校教师共同参与学生的就业教育，通过各种方式让他们充分发挥自身的积极性、主动性和创造性。

一方面，教师是大学生就业教育的最重要的参与者，他们的角色不

仅是知识的传递者，更是学生职业规划和就业导向的塑造者。他们通过与学生的日常交流、课堂讲授和个别辅导等方式，帮助学生了解自身的专业特长和职业兴趣，指导他们制定合适的就业规划，培养他们的就业技能和素质。另一方面，教师的全员参与可以进一步加强学生的就业教育。全员就业教育不仅是教师职责的扩大，也是提高学生就业教育效果的重要途径。所有的教师，无论他们所在的岗位和职务是什么，都可以通过不同的方式参与学生的就业教育。例如，课程教师可以在课程设计和教学中融入就业教育的内容，辅导员和生涯规划教师可以为学生提供个性化的就业指导和咨询，行政教师可以协调和提供学生就业的相关资源和服务等。

全员就业教育的实施，不仅能充分调动教师的积极性、主动性和创造性，实现全员协同就业育人，同时能提升学生的就业教育质量和效果，更好地满足学生的就业需要，促进他们成功就业（见图5-4）。

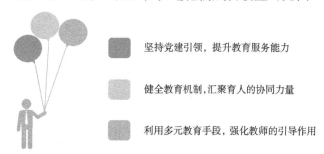

坚持党建引领，提升教育服务能力

健全教育机制，汇聚育人的协同力量

利用多元教育手段，强化教师的引导作用

图5-4　实现全员协同就业育人的主要策略

1. 坚持党建引领，提升教育服务能力

在提升大学生就业教育服务能力的过程中，党组织及其成员的角色至关重要。他们需要秉持"围绕学生、关爱学生、服务学生"的理念，持续提升自身的服务能力，以实现就业教育新格局的构建。以一流的党建工作引领一流的学生就业教育，是构建高校教育新格局的关键一步。通过建立一流的学生就业教育平台，高校可以强化党建的引领力，同时

可以打造一流的就业教育工作队伍，提升党建的战斗力。这种引领和战斗力的提升，能够促使党建工作与学生就业教育工作实现同频共振、深度融合，从而不断提高学生就业教育工作的质量，有效推动学生就业。党组织需要发挥其战斗堡垒的作用，建立一支"稳定、壮大、高水平"的就业教育队伍。通过这支队伍的辐射作用，带动全体教师更深入地认识到大学生就业对于学校发展、专业建设、人才培养的重要性，从而牢固树立"就业工作、人人有责"的理念。此外，高校还需要深入了解学生就业市场及学生就业需求，全面提高大学生就业教育的能力和工作水平。只有深入了解市场和学生需求，才能更好地满足学生的就业需要，推动他们的职业发展。在各自的履职领域内，全体教师和工作人员需要充分发挥教书育人、管理育人、服务育人的功能，系统地开展就业育人服务。通过这种全方位、多层次的就业育人服务，高校可以更好地满足学生的就业需求，为他们的职业发展提供持续、有效的支持。

2.健全教育机制，汇聚育人的协同力量

大学生的就业教育、管理与服务工作涉及多个部门、多个层次系统，为了发挥各部门在这一过程中的作用和功能，高校需要建立健全协调机制，明确各部门的职责，并实现跨部门协同工作。

学校层面应该设立专门的领导小组，负责就业教育的顶层设计和系统谋划，构建全面的协调机制。这一机制的目的是推动各部门共同参与，实现全员育人，打造一个聚焦大学生就业教育的协作网络。这个网络将贯穿所有教学、管理和服务的单位，形成一个全校性的合力，共同推进大学生的就业教育。在这一过程中，高校要始终坚持立德树人的根本任务，以提高人才培养质量和促进大学生就业为目标。各教学、管理和服务单位要明确自身的职责，围绕这一目标开展工作。各个管理职能部门需要立足自身的工作职责，发挥自身的优势，提供必要的服务支持，协同推进大学生的就业教育。这包括制定针对性的服务措施，以满

足大学生就业的多元化需求。

二级学院层面也要清晰地定义教师、班主任、辅导员和其他行政管理人员在大学生就业教育中的职责和边界。二级学院应建立详细的责任清单，形成一个既有明确分工又能实现有效合作的整体联动机制。确保大学生的就业教育全员参与，不仅需要上层的设计和规划，也需要每一位教师和工作人员的积极参与和贡献。通过构建这样的协同机制，高校可以更好地汇聚育人合力，为大学生的就业教育提供持续、有效的支持。

3. 利用多元教育手段，强化教师的引导作用

通过利用多元化的教育手段，高校可以有效地强化就业指导教师在就业教育中的角色，从而推动全员参与就业教育。就业指导教师可以通过利用现代化的教育技术和工具，提高他们在就业教育中的教学效果。例如，他们可以使用在线教育平台，进行远程教学和讨论，为学生提供更加灵活和便捷的学习方式。就业指导教师还可以通过开设就业指导课程、研讨会或讲座，为学生提供就业知识和技能的培训。这不仅能够帮助学生了解就业市场的最新动态，提升他们的就业技能，也能让教师在就业教育中发挥更大的作用。就业指导教师可以通过与企业或行业组织的合作，提供实践性的就业教育。例如，他们可以组织实习、项目合作等活动，让学生在实际的工作环境中学习和实践，从而提高他们的就业竞争力。这样，就业指导教师不仅可以在教学中更好地提升学生的就业能力，同时能通过多元化的教育手段，激发学生的学习兴趣和积极性，从而提升大学生的就业满意度和成功率。

（二）聚焦学生主体，体现就业教育的全过程性

高校在开展就业教育时，应始终将学生置于核心地位，作为教育的主要受体、焦点以及动力来源，他们的需求和期望也是教育活动的出发点和归宿。聚焦于学生，就必须深度理解他们的需求、志向，以及他们

在职业规划和发展上的缺口。因此，根据学生的成长规律和实际需求，高校应推动需求与供给之间的平衡和良性互动，实施连续性与全面性的就业教育。这种教育方式不仅要考虑到学生的当前需求，也要考虑到他们未来的职业发展路径，为他们提供全方位的支持和指导。

高校应努力提升学生的就业核心竞争力，例如沟通技巧、团队合作能力、领导力和创新思维等，让他们在竞争激烈的就业市场中脱颖而出。高校要密切关注学生的成长，与他们保持持续的交流和反馈，以确保教育活动始终贴近学生的需求，从而提供最有效的指导和帮助。

1. 以学生为主体，合理设计就业教育内容

学生是就业教育的主体和最终受益者，因此，高校的就业教育应以学生为中心，根据他们的发展和认知规律，为他们设计出实用且贴近实际需求的就业教育内容。为此，高校需要在大学生的各个成长阶段，深入了解和研究他们对职业、自我和社会需求的认知，以及他们在这些方面的需求变化和发展。通过将这些实际需求与就业教育整合，高校可以为学生提供切实有效的教育内容、形式和方法。优质的就业教育内容是提升教育质量的基石，因此，高校需要精心设计和优化职业生涯规划、就业指导、创新创业课程等教育内容，帮助学生更好地理解和掌握就业相关知识。此外，高校还需要关注各个阶段就业教育的连贯性，以确保学生能够在整个大学生涯中，获得连续且系统的就业教育支持。高校应鼓励学生树立远大的职业理想，同时引导他们脚踏实地，科学规划职业生涯，建立正确的就业观念。这样，高校才能激发学生的就业认知，使他们的就业观与我们的就业教育实现同步，从而提高教育的效果。

2. 以学院为中心，开展全过程就业指导

作为教育实施的主要单位，二级学院在推进学生就业教育中发挥着关键的引领作用。二级学院既要设计并教授就业教育的理论知识，帮助

学生建立全面而坚实的理论基础，对就业有全方位的理解和准备，也要培养学生的实践技能，以满足日益复杂和多元化的就业环境需要。具体来说，二级学院要构建一个系统的课程体系，传授给学生就业教育理论知识，帮助学生全面认识就业。这种理论知识的教授不仅要涵盖就业市场的现状和趋势，还要深入就业技能和态度的培养，使学生在理论上有一个系统的、全方位的认识。此外，二级学院要注重实践技能的培养，设立专门的职业与就业咨询室，根据不同专业的特点，开展针对性的实践训练。二级学院可以聘请具有丰富经验的专业教师或行业专家，全过程为学生提供职业规划与求职技能的指导。这样的实践教学可以更好地满足学生的个性化需求，从理论到实践，全过程为学生的职业发展和就业做好准备。通过将理论知识与实践技能相结合的教育方式，高校可以推动二级学院在全过程中开展高质量的就业教育，为学生的未来职业生涯打下坚实的基础。

3. 以活动为载体，多渠道提升就业能力

在新时代的大背景下，大学生是驱动"大众创业、万众创新"进程的关键力量。大学生积极参与各类活动和比赛，能够在实践中提升自身的竞争意识、创新思维和综合素养，更好地服务于社会经济的高质量发展，并推动以创新引领创业，以创业带动就业的良性循环。因此，各类活动是提升大学生就业能力的重要载体之一。

实践活动具有实战化、体验化的特性，如职业生涯规划大赛、模拟求职大赛、公众演讲比赛、创新创业大赛等，对于培养学生的职业规划意识、就业求职技巧及综合素质具有十分重要的价值。活动的组织和实施应满足学生不同阶段、不同时间点的特定需求，帮助他们系统地了解和掌握就业所需的知识和技能。借助类似的实践活动，高校可以使学生从被动接受转变为主动参与，使学生在实际操作和反思中，提升自身的综合职业能力，进一步实现就业教育的全过程性和多元化，这对于大学

生职业能力的全面提升具有重要的推动作用。

（三）聚焦环境载体，塑造全方位就业教育

新时代高校就业指导教育的环境载体，主要包括学校环境、家庭环境、企业环境、媒体环境等（见图5-5）。

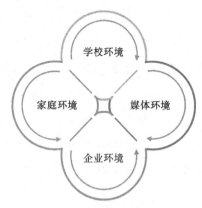

图5-5　高校就业指导教育的环境载体

1. 学校环境

学校环境是塑造文化教育的基础，会对学生产生潜移默化的影响。因此，在校园中塑造积极向上的就业环境和氛围，是高校育人的核心环节。

在党的全面领导下，就业教育应与教学、科研、社会服务等工作共同推进，同步检查、同步评估，以形成"促就业、稳就业、保就业"的积极环境。通过提升人才培养质量，高校可以更好地推动毕业生早日实现就业，进入工作状态。优化就业育人环境至关重要，学校应推动与用人单位进行深度融合，共建多元化的就业教育平台，如深化企业实习、医教协同、校企合作等形式，让学生有机会提前了解职业活动，深入地理解自身能力与职业岗位需求之间的差距，有针对性地提升知识、技能与综合素质。

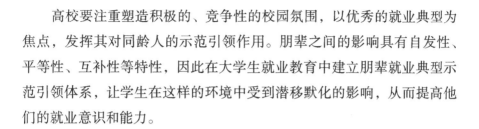

高校要注重塑造积极的、竞争性的校园氛围，以优秀的就业典型为焦点，发挥其对同龄人的示范引领作用。朋辈之间的影响具有自发性、平等性、互补性等特性，因此在大学生就业教育中建立朋辈就业典型示范引领体系，让学生在这样的环境中受到潜移默化的影响，从而提高他们的就业意识和能力。

2. 家庭环境

家庭教育在塑造学生就业价值观、职业生涯规划和就业理念、择业观念方面起着重大的作用。通过随机调查一部分尚未就业的学生，著者发现很大一部分学生选择暂时不就业，是因为得到了家长的鼓励和支持。例如，"家长认为自己的经济条件足够支撑，学生在没有找到合适的岗位之前可以选择不就业，家长愿意负责维持学生的生活开销"。因此，在就业教育过程中，我们需要构建一个家庭、学生和学校三者共同参与的育人环境。特别是学生辅导员和班主任，他们需要与家长建立协同育人机制，引导家长正确地教育大学生，理智地看待大学生的就业现状，共同推动大学生实现高质量就业。

3. 企业环境

为了更好地服务社会，高校采用与企业共同参与的育人模式。这种模式重视根据社会和企业的实际需求进行人才培养，强调人才培养的实用性和效果，以实现校园学习与企业实践的高度整合，并促进学校与企业之间资源和信息的共享。这种校企合作的教育模式能够为教育行业的发展提供强大的动力，并有助于提高高校的人才培养质量。随着校企协同育人的不断深化，这种育人模式能够对学生的就业产生积极的影响，因为校企合作能够为大学生就业教育提供更丰富的资源支持。企业导师参与实习指导，有助于培养学生的实践能力，强化学生的专业技能，进一步增强他们的就业竞争力。学生通过在企业中实习，也能够更好地熟悉就业环境，深入了解就业政策，分析就业趋势，以便更合理地规划自己的职业生涯。此外，校企合作还会提供更多的就业机会，高校通过深化产教融合，推动校企深层次的合作；通过采取定向培养、优秀毕业生优先录用、提前实习等方式，为学生创造了更多的就业机会，从而使就业教育取得更好的效果。

4. 媒体环境

在新媒体时代，就业教育工作正面临全新的媒体环境，因此，广泛地将各种融媒体工具应用到就业服务中已经成为不可阻挡的趋势。运用新媒体开展就业教育工作有着诸多优点。一方面，新媒体可以提供精准推送的就业信息。利用新媒体的优势，高校可以通过多渠道、多群体收集和筛选就业信息，并实时精准地推送至毕业生，确保他们有足够的岗位信息可供选择。另一方面，新媒体也可以全方位地提供就业指导。高校可以采用学生喜爱的形式制作就业辅导的多媒体信息，以满足学生在不同时间、不同地点的就业技能提升需求。此外，高校还可以引导学生积极关注各类就业平台，并充分利用这些平台的"全时化""智能化"特性，为毕业生提供更优质的"互联网＋就业"服务，从而促进他们实现更充分、更高质量的就业。

当前的高校毕业生主要由"00后"构成，该群体思想活跃，性格开放，好奇心和求知欲强烈。然而，他们在总体规划方面略显不足，缺乏明确的目标。因此，他们的工作能力提升速度并未跟上国民经济的发展步伐。由此导致的后果是，他们在职场上的满意度降低，高素质人才的供需矛盾凸显，市场的供求矛盾也进一步加剧。为解决这一问题，高校需要坚定"三全育人"的教育理念，将"全员育人、全程育人、全方位育人"的就业教育引导作为重要的教育策略。高校应深入改进大学生的就业教育工作路径，把就业教育融入思想政治教育当中，以加快构建包括德育、智育、体育、美育和劳动教育在内的五育并举的新发展格局。通过这种方式，高校不仅可以提高思想政治教育的质量，而且可以为大学生的就业奠定坚实的基础，帮助他们在职场上更好地展现自我，实现自身价值。同时，这将有助于解决人才供需矛盾，满足社会对高素质人才的需求，推动我国经济社会的持续健康发展。

第四节　大学生社会实践教育

社会实践是"三全育人"理念下立德树人根本任务的重要环节，是新时代高校人才培养体系中的一门必修课。社会实践的核心目标在于培育并提升大学生的实践和组织能力，从而有效地提高高校的整体育人成果。高校应全员参与，全方位考虑，全程践行，创设一种具有多重效应、多层次、多维度的新时代实践型人才培养机制。高校应在教育过程中强调社会实践的重要性，突出问题导向，重视过程并注重总结，在"三全育人"理念的指导下，有效地提高社会实践教育的成效。

一、大学生社会实践教育概述

社会实践教育是学校教育的重要补充和延伸，这是因为人的道德品格的塑造和发展离不开社会的熏陶和引导。从深层次来理解，道德本质上是社会的产物。奉献于社会，为人民服务，是社会主义道德理念的源头和归宿。因此，社会实践教育被视为高等教育中思想道德教育的核心路径。它在塑造和提升大学生的思想品质中，占据着极其重要的地位和作用。

通过参与各种形式的社会实践，大学生们能够亲身体验社会角色，寻找自我，培育对社会的深层情感，这是他们从稚嫩走向成熟的必经之路。在这个社会化进程中，高校应当帮助他们实现从学术知识向实际能力的转化。知识和能力应当互补，但拥有某一专业领域的知识并不直接等同于拥有从事相关工作的能力。能力是知识和技能的结合体，知识可以从教材中学习，而技能则需要通过实践才能获得。因此，大学生的专业教育应当与专业实践能力的培养紧密结合，加强这种实践能力的培养，对于帮助学生尽快适应社会，实现知识与能力的社会化转变，具有重要价值。

（一）大学生社会实践教育的内容

大学生的社会实践活动较为丰富，只要活动能够有利于他们的全面发展，符合他们的特点和需求，就可以纳入社会实践的广泛范畴。具体来说，大学生社会实践教育的主要内容包含以下三个方面。

1.通过社会实践接受广大人民群众的再教育，促使自身世界观的转变

社会实践最根本的目标和任务在于让大学生在实践中接纳群众的教诲，通过实际行动进行世界观的更新和转变，深化对劳动群众的理解和情感联系，提升自身的政治觉悟，坚定对社会主义的理想信念，并为共同的社会主义现代化理想奋斗。因此，参与社会实践的大学生应以接受再教育为主，甘愿成为人民群众的学生，向工人、农民、解放军等社会各界人士学习。无论是深入工厂、农村进行社会调查，还是进行专业实习，大学生都应以谦逊、虚心的态度，真诚地接受群众的再教育。大学生要从群众身上学习辛勤劳动的工作作风，学习他们无私奉献的高尚品格，学习他们对党和社会主义的坚定信念，以及他们为了维护国家利益、团结协作、全局考虑的牺牲精神。大学生要通过社会实践，使自己的思想感情真正与广大群众的思想感情相融合，成为他们中的一员。

2.专业实习和职业训练

专业实习和职业训练不仅是高等教育教学活动的核心部分，同时是

大学生社会实践活动的重要内容之一。专业实习和职业训练是实现理论知识与社会实践有机结合的有效方式，能够让大学生对自己所学专业形成直观的理解，并获取实用的生产技术和管理知识，从而巩固理论学习，提升自主工作能力。同时，它们也是弘扬职业道德，培育敬业精神的主要方式。随着社会经济的快速发展，强化大学生的职业训练和就业指导变得越来越重要。高校要将专业实习和职业训练从单纯的教学环节转化为提供就业信息和咨询服务，为学生提供与就业和职业能力相关的信息。在引导学生开展实习和职业训练的过程中，教师需要转变教育观念，注重协助学生解决实践过程中遇到的问题，对学生的评估方式也需要从单纯的笔试和口试评估方法转变为重视能力考核的评估方法，使学生的专业实习和职业训练成为他们就业准备的一种手段和终身教育的重要方面。

3. 为人民服务，为社会服务

运用所学专业知识为人民、为社会服务，不仅是大学生社会实践教育的重要内容和动力所在，同时是其根本宗旨。作为社会青年中具备较高科学文化素养的一部分，大学生应在社会主义文明建设中担当更大的责任和使命。根据不同的学科专业和年级特性，高校可以制定和采取多种内容和方法来组织大学生参与社会实践，充分运用他们的知识和技能来服务社区、服务社会，进一步培养学生的社会责任感，激发他们乐于助人、乐于奉献的崇高道德情操。教师要意识到，这不仅是大学生社会实践活动的重要任务，也是他们个人品格塑造和道德修养的重要途径。让他们在服务人民、服务社会的实践中，积累丰富的生活经验，理解社会的多元性和复杂性，锻炼并提升自己的社会能力，为他们的未来发展打下坚实的基础。

（二）大学生社会实践教育的形式

引领大学生参与各式各样的社会实践活动，已然成为高校道德教育实施的主要环节和关键路径。多年以来，各地高校紧密结合实际情况，成功开创了众多具有实效的社会实践形式（见图5-6）。

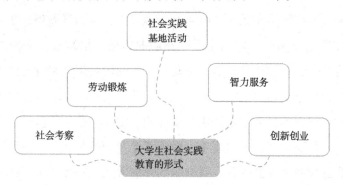

图5-6 大学生社会实践教育的形式

1. 社会考察

社会考察旨在帮助大学生深入了解社会现实，接触广大群众，并加强对国家状况的理解，它是实施集体主义、社会主义、爱国主义教育的主要方式。社会生活中蕴含着无比丰富的教育资源，挖掘并利用这些资源用于学生教育是全社会的共同责任和崇高使命。有效运用现有道德教育资源，如组织学生参观革命遗址和纪念馆，是对学生进行革命传统教育和理想信念教育的有效方式。选择具有实际意义的考察课题，深入工厂、农村等基层进行社会调查，这将加深学生对社会发展的认识和理解，坚定他们的理想信念，自觉地融入国家的伟大建设当中。这是社会考察和社会调查活动的核心目标，也是大学生社会实践活动的基本方式。在展开社会考察的过程中，学生带着问题进行社会调查，既能锻炼他们接触和理解社会的能力，又能提升他们分析和解决问题的技巧，从而促进他们健康成长。

2. 劳动锻炼

主动融入工厂、农村以及其他社区服务领域的实践劳动，积极参与各种在校园内外举办的公益活动和义务劳动，都是大学生社会实践活动的重要形式。在劳动锻炼中，大学生们不仅可以锻炼自身的意志力，塑造自己的品行，更可以从中受教并增长见识。劳动锻炼能够为社会和大学生带来"双向收益"：一是大学生们为社会提供义务劳动和服务，为地方经济建设提供了有力的支持；二是大学生们通过参与实践劳动，也得以接受教育和提升个人能力。教育工作者要使各种劳动锻炼产生切实的作用与成效，应使学生明确劳动的要求和意义，增强参加劳动的主动性与自觉性。教育工作者要帮助学生在劳动过程中不断总结提高体验、感受与认识，巩固劳动锻炼所取得的成果。只有这样，学生才能从有目的的活动以及这种活动所取得的实际效果中认识到它的价值，并在这种价值的实现中感受到愉悦。如果学生参加劳动是盲目的、被动的，就不会自觉地去体验和感受劳动的意义，甚至还可能认为劳动是一种惩罚，这样，劳动锻炼就不可能发挥思想政治教育的作用。

3.社会实践基地活动

社会实践基地活动一般指的是学校以外的、为学生提供社会实践机会的特定地点或组织。这些基地可能包括各种企业、公共机构、非政府组织、社区服务机构、研究机构、农场等，可以为学生提供实践学习和社会服务的机会。学生在这些基地进行实践活动，可以将在课堂上学到的知识应用到实际生活和工作中，提升自己的社会适应能力和专业技能，加深对社会和专业领域的理解。社会实践基地活动通常包括实习、志愿服务、社区参与、研究活动等。这些活动通常是在老师、辅导员或基地工作人员的指导下进行的，让学生在实践中学习，同时接受相关的教育和训练。社会实践基地活动是学校教育的重要组成部分，也是促进学生全面发展的重要方式。这些活动可以帮助学生更好地理解和掌握理论知识，发展实践技能，提升社会责任感，增强创新能力，培养团队协

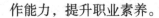

作能力，提升职业素养。

4.智力服务

以所学专业为依托，大学生积极为社会提供各类科技和文化服务，包括知识和技术咨询，深入基层为民众提供各项技术服务，是一种重要的社会实践活动，能够发挥大学生的专业知识优势，并且在实践中不断增长个人才干。依据自身所学专业和特长，学生们开展包括科技咨询、项目研发、科技培训、医疗保健、文艺表演等多元化活动，能够充分利用大学生智力优势回馈社会。它不仅能够激发学生们对学习的热情，巩固专业知识结构，也有助于培养学生的实际操作能力，消除"高分低能"的问题。通过这种方式，大学生们得以向社会展示自身的积极风采，使得社会能更全面地了解和接纳他们，有助于进一步强化大学生们的社会责任感和社会实践能力。

5.创新创业

在大学阶段，既要重视大学生基本知识和基本技能的培养，也要在接纳学习的基础上求创新，这需要大学生重视知识与实践的结合，大胆地对前人的理论和经验提出改进观点，并实事求是地对新提出的观点和方案进行可行性论证，实现真正的创新。

但现今的实践育人，其形式往往受制于传统观念。虽然大学生社会实践在许多高等学校提倡并开展了多年，但是纵观其理论与实践，对其意义与作用方面宣传得多，对于整体形势特点的研究和宣传也多，而对其内容和形式的设计创新却少，对于当代大学生与当代社会的结合思考则更少。这就使社会实践往往在内容和形式上仍主要集中于参观、考察、调研、访谈等认知社会的简单形式，无法带给大学生时代的启迪与现实的作用。创新创业类活动既契合时代的需求，又符合青年人的特点，在大学生群体中广受欢迎，其必然将融入以大学生为主体的社会实践活动中，使社会实践成为创新创业的必要积累，更使创新创业成为深化社会实践长效机制的重要途径。

高校在落实创新创业相关工作方面做出了许多有益的探索，充分发挥了"第二课堂"的辅助作用，广泛开展有关创业的各项实践活动，如创业竞赛、讲座、实战挑战、实习、企业家论坛、创业沙龙以及企业实地考察等。此外，他们还策划并实施了各种特色活动，如邀请企业家进入校园、组织创业成功人士进行访谈、暑期创业实战竞赛以及创业成长训练营等。同时，许多高校也开展了创业领导力培训项目，针对有创业意愿的学生，设立了诸如"创业领导力培训班""创业训练营"和"创业大课堂"等课程，旨在发现和培养创业新秀，并为有明确创业意向的学生提供"一对一"辅导。在此背景下，"挑战杯"全国大学生课外学术科技作品竞赛以及中国大学生创业计划竞赛等各级别、各类别的创新创业赛事，已经成为高校开展创业教育的重要载体。

为了激发大学生参与创业活动的热情，并提升其创业能力，高校可建立如青春创业社这样的机构，为大学生的创业项目提供必要的场所和经费支持。与此同时，为了拓宽大学生的就业渠道，并提高他们的就业能力，学校相关部门需要与就业指导中心保持紧密联系，建立一个让大学生和企业接触的平台。他们可以通过组织学生参观企业、座谈交流、访问校友和进行问卷调查等方式，帮助学生了解就业单位和市场需求，使他们能够明确目标，根据自身特性选择合适的途径，从而提升创新创业教育的实际效果。

（三）大学生社会实践教育的意义

大学生参与社会实践活动，是高校将教学活动与生产劳动紧密结合的主要方式之一，是强化并优化高校德育工作的重要途径，同时是有效提升大学生思想政治觉悟和科学文化素质的关键手段。社会实践活动对引导大学生融合理论与实践，培养具备全面发展能力的社会主义建设者和接班人，具有极其深远的影响和意义。

1. 大学生社会实践教育有利于大学生树立正确的世界观和人生观

大学生社会实践教育是大学生改进世界观、增强思想政治认识、培育和孕育社会主义事业的建设者和未来领导者的必经之路。大学生拥有知识和活力，是社会主义建设的新鲜力量，也是国家的人才储备。然而，如果仅专注于书本知识，而无法将所学知识运用于实际，甚至脱离社会和人民群众，那么他们的才能就无法得到充分的发挥。通过引导学生投身社会实践，接触社会、接触工农阶层，让他们亲身体验和了解我国的改革开放，以及建设社会主义具有中国特色的伟大成就，这将帮助他们加深对党的路线、方针、政策的理解和支持。在社会实践过程中，通过与广大群众的接触，有助于培育他们对劳动人民的思想感情，形成刻苦耐劳、艰苦创业的工作风貌。因此，参与社会实践，不仅是大学生构建科学的世界观、人生观、价值观的必经之路，也是大学生实现自我价值，成就未来的关键路径。

2. 大学生社会实践教育是实现人的全面发展的重要途径

大学生社会实践教育的核心是为了实现人的全面发展。在参与社会实践活动的过程中，大学生可使自身的知识、技能、情感、价值观等多个方面得到发展，塑造全面人格。从知识和技能层面上看，社会实践教育能够让大学生把课堂学习和实际应用相结合，使他们的理论知识和实际技能相辅相成。让大学生可在实践过程中提升解决问题的能力，更好地理解和掌握在学习过程中所接触到的知识。从情感层面上看，社会实践教育是大学生亲身体验和互动的教育，这种教育方式能够帮助大学生认识社会，理解他人，培养自身的同情心和责任感。大学生社会实践教育可以让学生接触并了解到社会的多元化和复杂性，从而培养一定的社会适应能力和社会责任感。从价值观层面上看，社会实践教育为大学生提供了理解和构建个人价值观的机会。在实践中，他们有机会反思和提炼他们的价值观，从而发展出积极的生活态度和高尚的道德情操。因此，大学生社会实践教育对培养学生的知识、技能、情感和价值观有着极为重要的意义，是促进实现人的全面发展的重要途径。

3. 大学生社会实践教育有利于社会主义精神文明建设

大学生社会实践教育在推动社会主义精神文明建设方面起着重要作用。它是一个具有多维度、多层次的教育体验，能够帮助学生从理论到实践全方位地理解社会主义精神文明的理念和价值。在实践活动中，大学生可以亲身体验社会主义精神文明的实践活动，如爱国主义教育、诚实守信教育、社会公德教育等。这样的体验使他们在深刻理解社会主义精神文明建设的同时，感受到社会主义精神文明的魅力，从而引导他们热爱社会主义，支持社会主义精神文明建设。同时，社会实践教育也能激发大学生的创新精神。在实践中，他们需要运用自己的知识和技能去解决实际问题，这不仅锻炼了他们的动手能力，还培养了他们的创新精神，为社会主义精神文明建设注入新的活力。此外，社会实践教育也能培养大学生的集体主义精神。在实践活动中，大学生需要团结协作，共同完成任务。这种集体行动不仅锻炼了他们的团队合作能力，也深化了他们对集体主义精神的理解，使他们在实践中深化对社会主义精神文明建设的认同。因此，大学生社会实践教育通过培养学生的爱国主义、创新精神和集体主义精神，深化他们对社会主义精神文明建设的认同，从而对社会主义精神文明建设产生积极影响。

二、"三全育人"与大学生社会实践教育的关系

作为高校思想政治教育的核心元素，"三全育人"旨在提升学生的思想素养。与此同时，大学生社会实践教育在"三全育人"的指导下，

其最终目标也是提升大学生的思想政治素养，实现学生的全面发展。以"三全育人"目标为导向的大学生社会实践教育能够更有效地推动社会实践教育的顺利开展，实现促进学生全面发展的教育目标。

"三全育人"是党和政府为了实现教育的深度改革和现代化管理，以达成立德树人的目标，推动高等教育思想政治教育工作全面进步的重要战略部署。它把教育视为中心，坚守以人为中心的理念，强调完整的时空维度和要素的高等教育人才培养体系，创新了对新时代高等教育思想政治工作的基本理解。它更突出了育人的价值目标，为大学生社会实践教育提供了科学的教育观念和系统的教育模式。在育人的主体层面，"三全育人"强调全体参与，努力激发高等教育内部所有教职工的教育积极性，形成由高校、家庭、社会以及学生自身共同形成的教育力量。在时间上，注重全程教育，以适应基础教育、职业教育以及终身教育，根据学生成长各阶段的特点，有计划、有针对性地设置教学内容。在空间上，注重全方位教育，结合理论教学和实践训练，创造良好的网络环境，建立课内课外、线上线下全域覆盖、全要素整合的立体教育体系。在新的环境和任务面前，大学生社会实践教育作为开展思想政治教育工作的关键方式，是思想政治教育的拓展和关键补充。

三、"三全育人"理念下大学生社会实践教育的实施策略

（一）强调高校、家庭和社会的共同参与

高校、家庭和社会是大学生社会实践教育中重要的育人主体，他们共同为学生的全面发展和正确价值观的塑造提供了强有力的支持。因此，在"三全育人"的理念下，完善高校、家庭和社会的协同机制，构建全员参与的育人格局，是保证大学生社会实践教育有序开展的关键（见图5-7）。

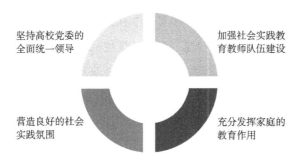

坚持高校党委的
全面统一领导

加强社会实践教
育教师队伍建设

营造良好的社会
实践氛围

充分发挥家庭的
教育作用

图 5-7　高校、家庭和社会的共同参与

1. 坚持高校党委的全面统一领导

在"三全育人"理念的指导下，实施大学生社会实践教育应以党委统一领导为核心，发挥其核心引领作用。作为开展思想政治教育的重要场所，高校在塑造大学生树立正确的世界观、人生观和价值观方面有着至关重要的责任，而高校的教育活动是实现树立道德品质、培养人才的基础环节。党的教育政策强调"教育应与生产劳动相结合"，旨在培养出会劳动、爱劳动的社会主义建设者，这为我国的教育事业发展指明了道路。作为高校教育发展的领导集体，高校党委是领导团队的中心和灵魂，在驱动高校社会实践教育，为国家、社会培养高素质人才的重大任务中，党委的作用至关重要。高校党委应强化大学生社会实践教育的组织领导，在教学委员会中设立社会实践教育工作小组，将大学生社会实践教育工作纳入学校全年的发展规划，以此强化对高校社会实践教育的组织保障。

一方面，高校党委领导必须高度重视大学生社会实践教育，深入学习并贯彻国家关于社会实践教育的政策方向，明确大学生社会实践教育的价值取向。他们应深刻理解社会实践对于创造人类社会的重要性，了解大学生社会实践教育的必要性，从而能够充分发挥高校党委在领导大学生社会实践教育中的引领作用，培养出有益于国家发展和社会进步的高素质人才。

另一方面，高校需要加强对大学生社会实践教育的顶层设计，完善高校社会实践教育的管理机制。了解大学生社会实践教育的现状，可以提高教师和学生对社会实践教育的重视，并有利于高校领导发现和解决社会实践教育存在的问题。此外，通过反思和总结经验，高校可以持续优化社会实践教育的实施和管理。

2. 加强社会实践教育教师队伍建设

教师，作为高校教育的主要参与者，肩负着传授专业理论知识、塑造正确的价值观和提升学生综合能力的重任。作为大学育人工作的关键组成部分，教师的个人素质直接影响着大学生社会实践教育的实际成效。在培养大学生的正确价值观、劳动精神和实践技能等方面，教师具有不可或缺的作用。在"三全育人"理念的指导下，高校需要加强对社会实践教育教师团队的建设和发展，培育一支具有高道德素养和专业理论知识的专兼职教师团队。这样的教师团队能够结合理论教育和实践操作，更好地教育和指导学生，推动高校社会实践教育工作的实施，从而提高大学生社会实践教育的实际效果。

为了满足大学生社会实践教育的需求，高校应配置专门负责社会实践教育的教师。现阶段，高校的社会实践教育工作主要由思想政治理论课的教师担当。专职的社会实践教育教师具有高尚的道德修养，对马克思主义社会实践观有深入的理解，掌握最新的教育政策和观念，具有强大的社会实践能力。这些专职教师在社会实践教育过程中能为大学生提供更专业、科学的社会实践知识和理论指导，更好地引导大学生参与劳动实践，这将有助于提升社会实践教育的专业化水平。高校应注重提升专职教师的教育能力，举办社会实践教育学术研讨会，引入社会实践教育领域的领军人物、优秀教师，以及博士毕业生等教育资源，以增强教育力量。

高校应进一步提升教师的社会实践育人观念。高校可以通过为思政课专兼职教师提供培训，将新时代大学生的成才需求与高校思政课程的改革创新相融合，遵循大学生的思维特性和成长规律，理解大学生对思政课程的需求和期待。高校要把握教学统一性供给与学生差异化需求之间的矛盾，教学宏观化与学生对微观细节的关注之间的矛盾，传统课堂教学方式与学生网络信息获取方式之间的矛盾，以及教学的人文价值供给与学生对实用性的需求之间的矛盾，落实以学生为中心的教学理念，坚持灵活变通、与时俱进的原则，依托课堂教学这个主要渠道进行教学。思政课教师在教学过程中，需要强调社会实践的育人意识，通过在课堂上分享案例、组织讨论等方式，培养学生对劳动的尊重、热爱，对劳动模范的崇尚。

高校要应鼓励并支持教师与企业进行项目合作，利用校企合作项目，构建一座让教师深入企业和社会的桥梁。教师在完成教学研究并为企业带来实际效益的同时，可以将企业的研究成果融入实践教学中。这样的做法，不仅能帮助教师更新知识库，使知识库保持在生产和研究的前沿位置，还能将最新的实践技术传递给学生，有助于实现企业效益与实践教学的双赢。此外，高校也可以定期邀请企业的基层管理人员来校，为教职员工开设关于实践知识的讲座。这种交流方式可以让教师及时了解企业对学生的素质和技能的要求，使他们能够清晰地了解社会对学生实践技能的需求趋势、需求种类和需求特点。这有助于教师有针对性地进行实践教学内容的改革和完善，确保实习学生在学习过程中能够有所得，并将所学应用于实际工作中，以满足社会的需求。

高校还应充分利用班主任、辅导员以及后勤人员在育人工作中的影响力。社会实践教育是一个系统性的项目，需要通过服务育人、管理育人、文化育人和劳动育人等多种方式协同推进。由于班主任和辅导员与学生的接触密切频繁，他们不仅是学生思想的导引者，学习的引路人，更是他们生活的助手。班主任和辅导员可以与大学生建立紧密的师生关系，让他们从社会实践中感受成就感，将社会实践教育与学生的实际生活紧密结合，这有利于提高社会实践教育的实际效果。在进行社会实践教育过程中，班主任可以组织学生学习社会实践理论，举行与社会实践相关的主题班会，以多种有趣的方式传递社会实践教育内容，以培养大学生的职业素质。

3. 充分发挥家庭的教育作用

家庭是孩子成长的第一环境也是最重要的环境，家长的言传身教对孩子的影响深远。家庭教育可以强化学校教育和社会实践教育的效果，为孩子提供一个积极健康的成长环境。家长应该鼓励和支持孩子参与社会实践活动，让他们在实践中锻炼自我，提升自我。家庭教育可以起到弥补学校教育和社会实践教育不足的作用。由于各种原因，学校教育和社会实践教育有时无法覆盖到所有的领域和阶段。此时，家庭教育就能发挥其独特的优势，对孩子进行个性化的指导和教育，帮助他们克服困难，实现成长。例如，学校可以组织家长参与社会实践活动，增强家长的教育能力和责任感；社会可以提供多元化的实践平台，增加家长和孩子的交流和理解；家庭可以为孩子提供良好的生活环境和情感支持，有利于孩子在社会实践中健康成长。家庭教育还可以作为大学生社会实践教育的补充。家庭是个小社会，孩子可以在家庭中学习到许多社会规则和生活技能。家长可以引导孩子在家庭生活中体验劳动的乐趣，养成良好的生活习惯，理解和掌握社会规则，增强其社会适应能力。

4. 营造良好的社会实践氛围

社会环境复杂多样，社会实践教育是学校教育的重要补充，也是一切教育的起点和基础。倡导对劳动的热爱、弘扬坚韧不拔的实践精神，并以此为基础营造一个全社会尊崇实践、提倡实践的氛围，对于培养和激发大学生的社会实践意识具有十分重要的意义。

为了充分挖掘社会实践教育的潜能，并发挥其最大效用，高校需要不遗余力地调动社会各方的积极性和资源。利用各种社会宣传教育媒介，如新闻媒体、社交网络等，进行普及和推广，以扩大社会实践教育的影响力和覆盖范围。此外，高校还需积极推动社会劳动实践教育平台的拓展和深化，让更多的学生有机会参与真实的社会劳动，获得社会实践体验。

社会实践教育不仅是实践操作，更重要的是理论的引导和教育。高校要鼓励学生把所学的理论知识用于实践，强化理论和实践的内在联系，使学生在实践中深化理论理解，通过理论去指导实践。此外，高校还需要通过各种方式激发和保持学生对社会实践的热情。比如，可以通过举办社会实践成果展示活动、实践比赛等活动，让学生在实践中体验成功，享受实践的乐趣。这样，学生就会愿意主动参与社会实践，享受其中的乐趣。高校要鼓励学生敢于尝试，勇于创新，给他们提供足够的自由空间。高校应该让学生知道，犯错误是成长的一部分，从错误中我们可以学习，从错误中我们可以进步。

大学生社会实践教育是一个系统工程，需要社会各方面发挥各自的优势，各部门要紧密配合，共同为大学生社会实践教育营造良好的社会氛围。只有这样，我们才能真正形成全社会共同支持和鼓励社会实践教育的新格局，为培养大学生的社会实践意识和能力提供有力的社会环境和支持。

（二）构建全面的社会实践教育体系

1.培育学生正确的社会实践观念

正确的社会实践观念不仅是理论知识与实践经验的桥梁，而且是个人发展和社会参与的动力源泉。高校要让学生认识到社会实践的重要性，以及它在提升综合素质、增长见识，特别是对职业选择的影响等方面的价值。高校要通过引导，帮助学生认识到，社会实践不仅是对所学知识进行实践运用的过程，更是一种生活能力、适应能力和创新能力的训练。社会实践不仅是对理论知识的应用，而且是通过参与和体验实际社会活动，直观理解社会现象，解决实际问题，进而提升自我能力和理解的一种有效方式。高校要让学生看到社会实践的真实价值，从而提高他们的实践热情和实践能力。另外，高校也要强调社会实践对个人成长的重要性。社会实践是个人能力提升的重要途径，通过实践，学生可以将在学校教育中获得的知识和技能运用到实际生活和工作中。这不仅可以帮助大学生增强信心，提高解决实际问题的能力，也有利于他们更好地理解专业知识，提升专业技能，为未来的职业生活做好准备。高校应该在课程设计和实践活动的组织中注重学生的主体地位，充分调动学生的积极性，鼓励他们主动参与、积极体验、有效反思社会实践活动，以培养他们正确的社会实践观念，提升他们的实践能力和社会责任感。

2. 注重专业劳动实践教育

高校应安排具有针对性的实践活动，将专业知识与实践相结合，使学生能够将理论知识应用到实际工作中，提升专业技能。对于学生来说，专业劳动实践是他们理解专业知识，提升专业技能，形成完整的专业视角的重要途径。通过专业劳动实践，学生可以对所学专业有更深入的认识，同时能培养自身的团队协作能力和创新思维。

专业劳动实践教育，能够帮助学生更深入、更具体地理解理论知识。在专业实践中，学生可以在实际情境中应用所学理论知识，这将有助于他们更好地理解、记忆、应用知识，同时使他们能够看到学习的实际意义和价值，从而提高他们的学习动力和学习效果。专业劳动实践教育也有助于学生获得职业技能和经验。在实践中，学生可以通过实际操作来锻炼和提升专业技能，同时能够在工作中遇到和解决实际问题，积累宝贵的工作经验。这些技能和经验对他们未来的就业和职业发展有着极其重要的影响。

因此，高校在实施专业劳动实践教育时，应当注重理论与实践相结合，注重实践活动的规划和设计，创造有利于学生实践的环境和条件。同时，高校还应该与企业和社会机构建立良好的合作关系，拓宽学生实践的渠道，增加实践的机会，提高实践的质量，使专业劳动实践教育能够更好地服务于学生的学习和发展。高校可以通过与企业、政府、非政府组织等社会力量合作，为学生提供多元化的实践环境，如利用校内实验室、实训中心等设施或者校企合作、产学研结合的实践基地为学生提供各种真实的工作场景，让学生了解行业现状，为今后就业做准备。

3. 加强学生职业道德教育

高校应构建全面的教育体系，旨在提高学生的道德意识、培养良好的道德品质，并帮助他们形成正确的职业观念。

从课程内容上着手，高校可以开设一系列关于职业道德的课程，如职业伦理学、职业道德修养、职业素养课程等，让学生通过学习理解职业道德的重要性，并学会在实际工作中实践道德规范。在教学过程中，教师可以结合具体案例，让学生明白违背职业道德的行为可能导致的严重后果，从而强化他们的职业道德意识。实践活动是培养职业道德的重要环节。高校可以通过设置各种社会实践活动，让学生在实际环境中体验职业角色，锻炼职业技能，并在实践中积累职业道德经验。在实践活动中，学生可以通过解决实际问题，深刻理解职业道德在职业生涯中的重要性，学会以正确的道德行为处理复杂的人际关系。另外，高校还应建立一种积极的校园文化，倡导诚实、公正、尊重、责任等职业道德原则，通过各种形式的活动，如讲座、讨论会、职业道德竞赛等，营造尊重职业道德、崇尚职业精神的良好氛围。

高校可以通过建立有效的评价体系，对学生的职业道德进行考核和评价。在评价体系中，应把职业道德表现作为学生评价的重要因素，将其融入学生的日常学习、实践活动、毕业设计、毕业评定等环节中，让学生深刻认识到职业道德对职业生涯的重要性。

（三）加强社会实践教育载体建设

"三全育人"视域下大学生社会实践教育坚持全员、全程、全方位育人。贯彻全方位实践育人要抓好课堂教学这个主渠道，充分发挥课堂教学主阵地作用，以社会实践理论知识为依托，提升学生理论知识水平；开辟第二课堂，实现实践育人的重要价值，以活动为桥梁，构建应用理论知识的平台；改革社会实践教育的考核方式，充分提升学生的社会实践兴趣和积极性（见图5-8）。

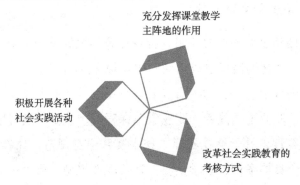

图5-8　全方位育人体系的构建

1. 充分发挥课堂教学主阵地的作用

课堂教学是进行社会实践教育的重要手段，课堂教育是受教育者学习社会实践理论知识、社会实践价值观的主要渠道。与传统课堂教学相比，大学生社会实践课程教学具有显著特色：它结合了丰富的感性体验和理论思考，使学生深入参与，并能激发他们的思维热情。教学的内容和方式并非囿于抽象的概念、判断或推理等逻辑形式，而是涵盖了生动的事实、图像和景象。

在开展大学生社会实践课程时，教师需重点关注以下两个环节：

（1）确定实践活动的主题

教师在教学过程中应根据课程的教学方案和要求，考虑地区社会经济的发展需求，激发和引导学生确定实践活动的大致路径和主题范围。同时，教师应为实践活动的开展预备适当的知识储备，以增强学生参与实践探索的动力。教师应基于学生自己的兴趣和能力，设定具体的实践活动主题。

（2）制订实践活动的计划

实践活动计划的内容应包括实践活动的目标、意义、方法、进程和预期结果等。计划的制订不仅应在教师的指导下进行，还应加强对实践活动的调查研究，以增强计划实施的可能性，保证实践活动的有序进行。实践总结可以采取各种形式，如调查报告、感悟、研究论文，或者可以是研讨会、交流会、出版物、墙报等。无论哪种形式的实践总结，都必须紧扣实践主题，并在理论认知上有所提升。

在大学生社会实践课程的教育过程中，教学方法的运用具有丰富多样的特点。在教学环境方面，教师在开展实践课程时需要充分借助课堂、校园，特别是本地的教育资源，以扩大学生的教学空间并提升他们的学习效果。通常情况下，校内的实践课程以班级活动为主，根据不同的学习内容以及学生的个性特点，配合小组活动和个人活动，而在校外，实践课程更多的是通过小组或个人的形式进行。

实践课程的主要形式包括参观实习、实践体验和问题探讨。参观实习是实践教学的基础形式，主要组织学生参观实践教学基地，让他们感受社会的发展和变化，从而提高他们对国情的认知和社会责任感。高校应坚持"产学研"结合与互动的发展道路，建立和完善校地合作、校企合作的机制，为大学生的社会实践活动提供持久稳定的基地。有时，高校可以组织学生观看相关的专题展览或录像教学，如使用反映社会新变化、新进展、新观念的纪录片、专题片或新闻影像资料进行教学。

实践体验可以分为直接体验和间接体验两种。间接体验包括邀请地方有代表性的优秀企业家、农民致富的成功人士等，为学生做关于社会观察或创业体验的报告、座谈。这种交流的内容主要是他们结合自己的经历谈对社会的理解，提出存在的问题和经验教训，让学生从实践者的口中得到第一手的经验和启示。

问题探讨这一形式是引导学生运用他们所学的理论知识去分析并解决现实中的社会或生活问题，主要涉及实践课题研究、实践问题探讨、现象辩论等环节（见图5-9）。

实践问题探讨

现象辩论

实践课题研究

图5-9 问题探讨教学形式的主要环节

在实践课题的研究过程中，教师需要提供一系列可供参考的实践课题，并对学生的选题进行指导，最终由学生自行进行研究并提交相应的结题论文或者决策建议。这种方式可以使学生将理论知识应用于实际问题，从而增强他们的实践能力和理论运用能力。

教师可以激励学生对他们感兴趣的现实问题进行专题探讨，例如，对当前的热点问题、他们自身感兴趣的话题等进行深入研究。通过这种方式，学生可以通过积极参与和思考来提升他们分析问题和解决问题的能力。

教师也可以组织现象辩论。在这种教学形式中，教师可以选择一些社会问题作为辩题，并将学生分为正反两方来进行辩论。不一定需要严格按照辩论赛的模式进行，可以允许自由辩论，让全体学生参与。值得强调的是，问题探讨是一种基于广泛的调查研究的科学实践，教师需要根据不同的教育资源和教学目标，灵活选择和探索适合的教学方法。

2. 积极开展各种社会实践活动

社会实践活动是培养大学生各项能力的重要平台，其内容丰富且形式多样。为确保获得良好的实践效果，高校必须强化对活动整体和流程质量的监督。实践效果的评估主要考查学生是否增强了理想信念、党员意识、责任感、群众意识、社会责任感以及历史使命感等方面。高校应设立考评机构，并制定详细的评估规则，激发并引导学生积极投身实践活动，经历锻炼并积累经验。

在执行社会实践活动期间，学生是实践活动的主体，指导老师则承担着监督和指导的角色，负责跟踪和引领实践进程的各个环节，包括时间安排、预计成果以及在实践过程中所遇到的具体问题。教师需要对学生们进行现场引导，并组织开展后续的总结讨论。在活动过程中，老师要保证学生有充裕的机会来阐述自己的观点，并适时向他们提出建设性的批评和意见，之后通过组织所有参与者共同讨论问题的解决策略，以达成一致的认知，解决在实践过程中出现的理论与实践的困惑。特别是在与实践单位的专家或学者进行交流的场合，教师需要指导学生如何更有效地提问，从而充分汲取实践单位的经验与优点。同时，要注意避免教师全权包揽或完全无视学生，而是要充分发挥学生的主体地位。

在开展社会实践活动的过程中，教师的目标应是培育学生的实践精神和提升其实践能力。实践精神是对实践活动的深刻理解，是勇于实践、乐于实践、善于实践。作为未来国家建设和民族发展的重要力量，大学生需要确立以人民群众为中心的实践理念，逐步养成"为人民服务、依靠人民力量"的价值观。社会是一个复杂且广阔的领域，对初次踏入社会的大学生而言，对社会的理解和认知尚未完全成熟，这种熟悉而陌生的感觉也正是实践的起点。因此，教师要鼓励他们积极面对挑战，不怕出错，在实践中主动改造自我和外部世界，培养他们愿意接触并服务人民的热情和认识。任何实践中取得的成就都离不开人民群众的大力支持，教师需要强调历史是由人民群众共同创造的观念，避免崇尚个人英雄主义。同时，要让每位参与者深入理解团队的力量，唯有培育团队精神，加强团队管理，才能取得显著的社会实践成果。相对于实践精神，实践能力更能直接反映出现实应用的特性。大学生需要学会在面临问题时，敢于投身社会实践活动中。在实践过程中，大学生需要学习如何发现问题、分析问题、解决问题，归纳总结规律和特点。

此外，教师在开展社会实践活动时，也应特别关注活动的各种保障机制，包括制度保障、安全保障、财务保障以及身体健康保障等。在实践的全过程中，教师需要着力强化制度建设，因为团队的组织纪律性是保证社会实践顺利进行的关键因素。所有参与者都必须自觉遵守和维护相关的规章制度。在实践过程中，教师应对天气状况、交通情况以及实践任务的安全状况有深入的了解，以便能够及时做出适应性的调整和安排，尽可能减少或避免在实践过程中发生事故。

3. 改革社会实践教育的考核方式

教学评价是衡量课程和教学计划是否实际达到预定教育目标的过程。为了衡量大学生实践教育效果的好坏，教师需要在实践教学的进行过程中以及结束后，对学生进行考核和评价。在这个评价中，教师应重点关注学生在活动过程中的实际表现，他们的体验，以及从中获得的感悟。学生态度的转变，价值观的形成，以及认知的提升，都是评价的主要内容。而学生撰写的研究报告、论文和他们的心得体会等，也是综合评价学生发展状态和水平的重要依据。总的来说，教学评价不能仅局限于学生的知识掌握程度，更要关注他们在实践中的行为表现，以及他们在实践过程中的思想觉悟和人格塑造。

评估与评价是评定实践教学效果的决定性因素，教师必须保证其真实性和公平性。评估的过程不应仅集中在结果上，而更应重视在实践过程中学生所展现出的理想信念、智慧和能力等多方面因素的全面评估。评价的最核心目标并不仅仅是证明某一观点，而是为了促使教学方法和过程的改进。通过评价，学校和教师可以从反馈信息中发现他们在管理和教学过程中的优势和弱点。评价者可以向被评价者提出存在的问题和建议，被评价者也可以将这些反馈作为动力，在听取、总结和分析评价者意见的基础上，选择适合的方式和策略来改善自己存在的不足。教师应该强调评估实践教学对于学生世界观、人生观、价值观形成和转变的影响，避免走形式主义道路。评价指标应当简洁明了，方便实施；各项指标需要以可执行性的语言进行定义，确保所需的信息真实、有实际意义。

大学生的实践教学评价，是一项烦琐而细致的任务，任何单一的评价方法都无法确保评价的客观公平。因此，教师在评价大学生的社会实践效果时，需要综合采用各种评价方法。

（1）教师应将形成性评价和总结性评价相结合

形成性评价主要是对学生在实践过程中的行为和成果进行连续的记录，这既包括对个体的实践活动，也包括在集体实践活动中表现出的个性化活动。而总结性评价通常在完成某一课程后进行，对学生在实践课程中的全方位表现进行评估，这基于形成性评价的数据和前提，含有大量的一手材料，因此具有一定严肃性和科学性。

（2）教师也应注重动态评价与静态评价相结合

静态评价侧重于对学生的理论知识、行为态度和思想观念进行"瞬时"的评估，对评价对象提供某种证明或者定性的结论。然而，学生的成长是一个动态的发展过程，评价应该是一个动态和发展的整体，应重视捕捉学生发展的脉络，而非做出孤立的、针对特定情境的评价。动态评价需要经过分析、对比和评价的过程，从而把握学生思想和行为发展的变化特征和路径。静态评价和动态评价需要在评价过程中相互结合，相互补充，以便对学生的实践行为做出准确、客观的科学评价。

（3）教师还需要注重采用多种评价方式的综合应用

例如，校内和校外评价相结合，主要以校内评价为主；奖励性和处罚性评价相结合，主要以奖励性评价为主；团队评价和个体评价相结合，主要以团队评价为主。这种多样化的评价方式可以从不同的角度全面地评估大学生的社会实践效果。

第六章　新时代高校"三全育人"理念的实施路径

　　"三全育人"是在新时代推进教育观念和方式转变的重要议题。要深入"三全育人"改革，高校必须坚定正确的方向，紧密围绕问题导向，进一步明确责任，不断将立德树人的体制优势转变为实际的教育成果。新时代高校落实"三全育人"理念必须从以下三个方面入手：一是加强育人队伍建设，形成全员育人合力，实现人人有责、人人尽责的全员育人。二是加强育人体系建设，完善全过程育人载体，实现时时有力、久久为功的全过程育人。三是加强评价体系建设，提升全方位育人效果，实现全面覆盖、深度反馈的全方位育人。

第一节　加强育人队伍建设，形成全员育人合力

　　新时代高校要想顺利实施"三全育人"的教育理念，并取得一定实效，就必须深入贯彻党中央文件精神，结合高校实际工作的需要，构建一支素质过硬，水平过人的育人队伍。新时代高校需坚持党委的统筹领导，强化领导治理以及组织策划能力，加强行政监管，提升干部团队、教师团队以及校内工作人员的能力与素质，并不断拓展教育主体的范围，以形成全员参与的育人合力。

一、加强对育人工作的组织领导

高校党委对学校教育事业的发展、育人合力的形成有着极为重要的作用。高校的教育工作应以党委为领导核心，坚持党的领导核心地位。高校党委要紧密团结全体工作人员，发现并及时处理育人工作中存在的问题，共同推进教育工作的顺利开展。高校应充分利用党委的核心领导作用，将所有的教育工作人员纳入党组织领导的范围之内，将他们紧密团结在一起。同时，高校也需要加强党组织建设，充分利用党的政治和组织优势，以党的政治原则和行动纲领为教育工作提供强有力的支持和指导。在党委的领导下，协调学生工作部和团委等部门协同合作，有利于共同推进教育工作，使"三全育人"的教育理念深入高校教育的各个领域和环节当中，全面提升高校教育质量和效果，同时能更好地培养和塑造学生的世界观、人生观和价值观，更好地服务社会和国家的发展需要。只有保证各部门的有机联动和相互协作，我们才能确保高校的教育工作顺利、高效进行。

（一）发挥党委书记的领导作用

高校党委书记作为学校领导的核心，具有举足轻重的地位。他们必须充分发挥领导作用，推动"三全育人"的落地。党委书记作为高校的政治领导者，需要在思想引领上发挥作用。他们应深入理解和把握"三全育人"的内涵，坚决贯彻落实党的教育方针，引导全校师生深化对"三全育人"的理解，确保这一育人理念在校内得到广泛接受和坚决执行。同时，党委书记还需要在决策部署上发挥作用。他们要根据学校实际，科学制定"三全育人"的实施策略和具体计划，明确任务目标和执行步骤，并进行有效的组织和协调，确保各项决策部署得到有力实施。此外，党委书记在推动制度建设上也有着重要职责。他们需要推动学校形成完善的"三全育人"制度体系，包括育人政策、教育评估、教师培训、学生管理等，确保各项育人工作依法依规进行。党委书记还应在提供资源保障上发挥作用，通过合理调配学校资源，为落实"三全育人"工作提供必要的物质保障，如教学设施、教材资料、学生服务等。

（二）强化基层党组织建设

在新时代的背景下，强化基层党组织的建设显得尤为重要。基层党组织是党的基础，在教育工作中起到极为关键的作用。作为一个集体，基层党组织在加强自身建设的同时，更需要关注并引导其他成员，特别是非党员教师的发展与成长。基层党组织首先应当是一个学习型组织，弘扬学习文化，为所有成员提供深入学习和交流的机会。通过对党的基本理论、基本路线、基本方略的深入学习，以及对习近平新时代中国特色社会主义思想的系统学习，提升党组织的理论素养和政策执行能力，确保基层党组织在育人工作中始终坚持正确的方向。另外，基层党组织也应当是一个服务型组织，全心全意为师生服务，为提升教育教学质量、营造良好的教育环境贡献力量。基层党组织应把提升服务能力作为工作的重要职责，通过组织各类活动，帮助师生解决实际问题，促进师生的发展。

基层党组织的力量不仅在于组织本身，也在于与广大教师的紧密联系。基层党组织应当深入教师群体，了解他们的需求和期待，通过组织民主生活会等形式，加强与广大教师的联系，提升组织的凝聚力。在建设基层党组织的过程中，高校必须坚守党的政治纪律和政治规矩，坚决维护党的集中统一领导，确保党的方针政策和决策部署在基层的贯彻执行。基层党组织是高校育人工作的重要力量，其建设必须始终紧密围绕党的教育方针，以提升理论素养、服务能力和凝聚力为重点，致力打造一个既能引领方向，又能服务师生的高效组织，为高校的全面发展贡献力量。

（三）加强高校领导和教师队伍建设

加强高校领导和教师队伍的建设，从本质上是强化高校的整体育人能力。根据这一目标，高校需要实施由党委领导的校长负责制，构建形成以校级领导为核心的三级管理体系。该体系包括校级管理者、中层党政部门、二级院校。校长作为高校行政主要负责人，对学校的育人工作负有直接责任。校级管理者对中层党政部门与二级学院具有指导作用，确保育人工作在全校范围内的协调推进。中层党政部门与二级学院的领导也在实践中领导教师和中层管理队伍，进一步拓宽育人工作的影响面，使更多的教师和学生受益。而教师与中层管理队伍在实际的教学活动中领导全体学生，让育人工作深入每一个学生身边。学校领导不仅要注重育人工作的宏观布局，也要关心具体的实施，亲自参与并检查思想政治教育工作的实际情况，确保育人工作的质量。中层党政部门和二级学院的领导也应在工作中加强领导和育人意识，对育人工作中出现的问题应及时发现并提出有效的解决方案。

另外，高校还需要大力培养和提升教师队伍的专业素质和道德素养，为学生提供优质的教育资源。教师队伍不仅要有强烈的责任感和担当精神，还要具备良好的职业素养和专业技能，这样才能成为育人工作中的精兵强将。同时，教师通过联系学生干部，深入学生之中，在沟通交流中融入思想政治教育，形成有效的梯度式领导管理机制。为领导干部和教师队伍开展定期培训，无疑是提升其教育理念、教育方式、管理知识和管理能力的重要途径。只有保持开放和进取的学习态度，领导干部和教师才能共同适应新时代教育的发展，共同推动高校的育人工作向更高层次发展。

二、提高思政教师队伍专业水平

思政教师队伍是高校育人工作的重要力量，他们的建设水平直接关

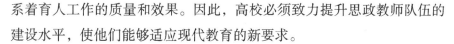

系着育人工作的质量和效果。因此，高校必须致力提升思政教师队伍的建设水平，使他们能够适应现代教育的新要求。

高校应该建设一支专职为主、专兼结合、数量充足、素质优良的思政教师队伍。他们应该有强烈的爱国主义情怀，对党和国家充满热爱，这样才能有效地在思想上引导学生。随着时代的发展，思政教师队伍必须保持与时俱进的思想观念和开阔的视野。他们应该不断提升自身的专业素质和能力，始终保持学习的热情，善于思考，灵活运用新的教育理念和教学方法。他们要及时了解社会新动态，把握时事要点，不断开阔视野，以保证自身不被时代遗忘，满足学生的期待和需要。此外，思政课教师还必须严于律己，保持正直的人格。他们应具备高尚的道德素质，展示良好的师德风范。教师的品德如果败坏，将无法赢得学生的尊重，也就失去了他们在育人工作中的权威性和说服力。只有严于律己，树立崇高的人格，身体力行，才能真正发挥思政课教师的示范作用，通过言传身教，对学生产生积极深远的影响，从而不断提升思政教师队伍的整体素质。

对于高校来说，提升思政课教师的积极性和敬业精神是一项重要的任务。高校需要鼓励教师以更积极的态度投入教育事业中，充分发挥他们在教学和科研领域的创造性。高校可以通过提供全方位的培训项目，帮助教师提升教学技巧、科研能力，以及与学生互动的能力。这样不仅可以帮助他们在教学和科研上有所突破，还可以增强他们的创造性，这对于维护教师队伍的活力和提升教学质量至关重要。此外，建立合理的考评制度也是激发教师积极性的重要手段。高校应建立公正公平的考评制度，以奖励那些在教学和科研上有突出表现的教师。这样的考评制度能够激励教师不断提升自己的业务能力，从而提高团队整体的战斗力。高校要不断提升思政课教师队伍的整体实力，为学校的长期发展提供支持。

三、加强校内职工的服务育人工作

高校的育人责任并非仅限于领导与教师，还包括后勤人员在内的所有校内职工，他们都是育人工作的共同承担者。为了最大限度地发挥校内职工在育人工作中的作用，持续提升校内职工在服务育人工作中的能力和意识，高校应从以下几个方面着手（见图6-1）。

培养校内职工服务育人的意识

完善服务育人的考核评价体系

提升校内职工的思想品质与工作能力

图6-1　加强校内职工的服务育人工作策略

（一）培养校内职工服务育人的意识

校内职工应坚持人本教育、因材施教的原则，关注学生的个体差异，理解他们的实际需求，为学生们提供发展性的服务，在服务中融入教育和引导，助力学生建立正确的自我认知，为他们未来的发展规划铺平道路。高校应以正确的态度和方式，建立科学、规范的管理制度，为学生提供及时、全面的服务，满足他们在学习、生活等各个方面的需求。高校必须明确学生的责任，尊重他们的权益，包括知情权、申诉权等基本权益。让学生在安全、尊重的环境中成长，是校内职工服务育人工作的基本原则和目标。

（二）提升校内职工的思想品质与工作能力

高校需强化校内职工的思想品质与工作能力，并明确他们在服务育人工作中的实际职责。高校可以通过实施一系列组织学习活动和定期教育培训，提升校内职工的道德素养。这些培训活动能有助于他们传播正能量，提供更高质量的服务，并对学生实行积极向上的教育引导。在工作能力方面，校内职工的重点应放在关键服务领域的提升上。在学生的日常生活方面，校内职工应力争提供便捷而舒适的生活环境，并致力实施安全和卫生教育，保障学生的基本生活需求得以满足。在学生的学习生活中，校内职工应指导学生如何高效地利用图书馆资源，提供免费的校园网络服务，并向他们提供丰富的外部文化和信息资源。在服务工作的质量上，校内职工应着重关注服务的持续改进，以满足学生的变化需求，并及时调整服务方式和策略。

（三）完善服务育人的考核评价体系

明确、细化的考核内容和指标能够让评估结果更加精准、具体，从而确保服务质量和效果能够被准确衡量。具体而言，服务质量和效果就是评估的重心，这会使评估具有实质的针对性和实效性。高校不能忽视服务对象的反馈与评价，他们的真实感受和建议是对服务育人工作的有力推动，帮助校内职工不断完善并提升服务质量。然而，评估体系并不仅限于考核。持续的服务育人工作改进是一个核心任务，高校需要保证服务的质量始终能够满足或者超越既定的标准。要实现这个目标，高校需要综合各方面的反馈与评价，以确保自身的服务始终处于一个不断提升的过程中。同时，有效的奖励机制是提升校内职工服务育人工作积极性的重要手段。物质奖励和精神鼓励都能够有效激励校内职工投入服务育人工作中。物质层面的奖励，如额外的薪酬、奖金或者其他形式的物质激励，能够增强员工的物质满足感。而精神层面的奖励，如公开表彰、提供晋升机会或者赋予更大的工作权力等，能够满足员工的自我实现需求，进一步激发他们的工作热情。

四、凝聚育人主体力量，实现协同育人

为确保思想和政治教育工作取得更大的效果，高校必须推动形成"全员育人"的新格局。在新时代背景下，高校应改变传统的教育观念，紧跟时代步伐。参与育人的主体不应局限于学校、教师以及校园内的其他员工，还应该扩大至学生、家庭成员以及社区的广大人员，让他们共同承担育人的责任。只有不断扩大育人主体的范围，我们才能充分调动全社会力量，实现每个人都能成为教育者的理想，从而让教育工作达到预期效果。

在实施高校全员育人工作的过程中，我们必须深入理解，学生不仅是教育的受益者，更在这个过程中担任着重要的角色，他们的主观能动性需要得到充分发挥。要真正实现全员参与育人，重视学生的主动性是关键。这包括强化学生的自我管理能力和自我服务意识，让他们充分发掘和利用自我教育的潜力。通过这样的方式，学生可以更积极地参与教育活动，成为教育和学习的主体，从而推动全员育人工作的有效实施。高校要注重大学生的自我教育，尊重学生的个体差异，培养他们自主学习、自主探索的能力，使其具备持续学习和适应社会变迁的能力。在教育的过程中，教师可以指导学生制订适合自己的学习计划和目标，发挥学生的主观能动性，引导他们主动获取知识，这样学生才可以更深入地理解和掌握知识，提高问题解决能力。高校应该鼓励学生树立正确的生活观念，培养良好的生活习惯和社会行为规范。学生个体应学会自我约束、自我反思和自我调整，学会对自己的行为负责，学会解决生活中遇到的问题，为在未来社会生活中独立自主、适应环境奠定良好的基础。

在"三全育人"的实施过程中，家庭教育同样是不可或缺的一部分。家长不仅是学生成长的引导者，同时是他们最初的伙伴和朋友。他们的观念、言谈举止都将深深影响孩子的心智成长，因此，他们的配

合是"三全育人"战略的关键。他们可以通过共同育人，携手学校和社会，共同为孩子提供一个更加全面的教育环境。同时，家长们也应该更好地理解和接纳"三全育人"的理念，将其融入家庭教育中，使得家庭教育、学校教育和社会教育能够真正实现无缝衔接，让孩子在各个环境中得到均衡发展。高校育人工作应着力引导和倡导家庭教育的重要性，促使父母及家庭成员意识到他们在孩子成长中的影响力，与学校和社会教育同步前行，共同推动"三全育人"的实施，为孩子的全面发展提供坚实的保障。

社会组织及朋辈群体是育人队伍的重要力量，社会环境与社会风气对大学生的影响不可忽视。因此，高校需要与社区、公益机构等社会力量携手合作。鉴于高校学生背景的多元性，高校可以联合学生的家庭或者所在社区，以补充育人工作的多样化需求。通过参与社会实践活动，让大学生与社区产生有益的互动，以扩大学生对生活、社会的理解和体验。在社会实践活动中，大学生可以更深入地获取公益性的社会经验，提高他们对社会、家庭责任的认识。值得强调的是，公益活动对于启发大学生的思想观念和价值取向具有实践意义。学校应继续加强与各类公益组织和团体的联系，定期组织学生参与各种公益活动，帮助大学生更好地理解社会，体验社会的复杂性。同时，从长远的角度出发，高校应鼓励学生充分利用自身优势，积极帮助社会弱势群体，并在此过程中建立正向的思维和观念，树立承担社会主义发展责任的意识。

第二节　加强育人体系建设，完善全过程育人载体

在新时代背景下，为了更好地实现育人效果，高校要着眼于加强"十大"育人体系建设，整合各方面的教育资源，促进教育改革和创新，提升教育的整体质量，完善全过程育人载体，践行"三全育人"使命。

一、统筹推进课程育人

在当前的教育环境下，课程育人的重要性日益凸显。课程育人不仅包括知识的传授，更着重于通过课程对学生进行全面的素质教育，包括思想品德、专业技能和人文素养的培养。专业课与思想政治课是高校课程体系的两大主要组成部分，其本质应该是同向同行的。专业课的教育应该融入思想政治教育的内容，同时，思想政治教育也应该与专业课程相结合，以形成一个整体性的、系统的教育模式。这种模式能够确保学生在学习专业知识的同时，对思想政治理论有深刻的理解和独立的思考。

在思政课程当中，教师要通过优化课程内容、创新教学方法等方式提升教学效果，使学生在掌握专业知识的同时，能够理解和接受社会主义核心价值观，从而增强"思政课程"的教学质量。在专业课程当中，教师可以巧妙地融入思政元素，比如引导学生从思政角度去解读某一历史事件，或者讨论科技发展对社会主义建设的影响等。这样，学生在学习专业知识的同时，也在潜移默化中接受思政教育，这有助于学习的针对性和实效性。

（一）提高"思政课程"教学质量

思政课程是高校立德树人、铸魂育人的核心课程，更是大学生思想政治教育的主要渠道，在高校思想政治工作中具有不可或缺的、关键性的作用。高校思想政治理论课是对大学生系统开展中国特色社会主义理论教育的课程，是社会主义大学的优势所在，应该是高校所有人才培养的核心课程❶。

提高"思政课程"的教学质量，对高校其他课程建设具有良好的示

---

❶ 高德毅，宗爱东 . 课程思政：有效发挥课堂育人主渠道作用的必然选择 [J]. 思想理论教育导刊，2017（1）：31-34.

范引领作用。这主要体现在以下几个方面：第一，政治方向上的引领作用。高校的思想政治课程需要明确贯彻党的教育方针，及时宣讲党的意识形态以及相关的理论政策。这样，可以确保高校的教育工作始终沿着正确的轨道前进。第二，价值取向上的引领作用。"课程思政"不是要将所有课程都转变为思政课程，而是要在各类课程中找到并融入思想政治教育的元素和资源，使课堂教学中能够自然地展现出思政教育的价值理念和精神追求。通过这种方式，高校可以在教育工作中，使学生树立坚定的理想信念，形成正确的世界观、人生观和价值观。第三，育人理念上的引领作用。"课程思政"和"思政课程"在育人目标上具有高度的一致性，在实践过程中，高校应避免"无关论"等错误观念的产生。因此，高校需要在育人理念上有强化"大思政"的意识，引导思政教育的健康发展。

深化和优化思想政治理论课程的建设，发挥其在大学生思想政治教育中的主导作用，是至关重要的。思想政治理论课程的构建应该在保证学术性与政治性、知识性与思想性的和谐平衡下，坚持以学科建设、课程设计、教材研发和教师队伍培养为一体，力求教学内容的更新，教学方式的创新，以及教学手段的完善，进而实现教学的针对性、说服力和实效性的不断增强。

思想政治理论课程的内容设计应该积极跟上时代步伐，紧扣时代需求，同时需要根据学生的发展阶段进行调整。加强课程之间的连接，使课程内容相互补充，形成有机整体，有助于学生对学习内容的深度理解和感知。此外，高校还需要在非思政课程中寻找和开发出与思想政治教育相衔接的智育、德育资源，使思想政治教育能够全面渗透在各个课程中。

"课程育人"理念强调教学方法的多样性与灵活性，思政教师应根据学生的实际情况和需求进行个性化的教学设计。作为教师，不仅要有深厚的理论知识储备，也要关注社会的热点话题，结合网络技术、文化元素、实践经验等多元化的资源，采取如新闻案例教学法等创新教学策略，以激发学生对课程学习的积极性，从而提升思想政治理论课程的教育效果。教师在教授专业知识和技能的过程中，融入科学的世界观和方法论是十分必要的。这不仅能激发学生对科学和祖国的热爱，引导他们形成正确的政治立场，而且可以在情感教育和社会教育中寻找思政教育的切入点，使其有机地结合为一个整体。

（二）强化"课程思政"建设

在各门课程当中落实"课程育人"时，专业教师应当深化对课程教学的教育意识，增强课程教学的教育特性，坚定地认识到每一门课程都具有其独特的育人价值。思想政治教育的实质是关于人的全面发展的教育，它并不仅仅是按照教条向学生灌输爱国主义、社会主义或者共产主义理念。实际上，思政教育领域并不局限于此。例如，在"高等数学"的教学过程中，通过讲解和推导定理公式，教师能够培养学生对科学的尊重和敬业精神，树立认真严谨的学习态度；在"护理教育"课程中，通过编写"叙事医学"案例，教师能引导学生产生共情，理解患者的感受；在"工程教育"课程中，教师可以透过教学内容，为学生灌输正确的人生观和价值观，培养他们在工匠精神、工程伦理、法律意识、环保和可持续发展等方面的正确态度和责任感；在"金融衍生品交易"的课程中，通过研究历史上的经典风险管理案例，教师可以引导学生树立良好的职业道德观念；而在"国际金融"教学中，教师可以通过阐释人民币国际化、双边贸易结算的重要性，进一步拓宽学生的思政教育视野。这些都能够充分体现思政教育的重要作用，无疑会对学生产生深远的影响。

课程思政教育的领域应当既深又广，既包括爱国主义和马克思主义这类明确的思想政治教育，也包括关爱、求知欲、个性独立、工匠精神和共情能力这些隐性教育内容，后者的覆盖范围更加广泛。教师应当根据各个专业课程的特点来设计适合的思政教育模块，有的课程可能适合明确的思政教育模块，有的课程则更适合隐性教育模块。教师需根据课程特性恰当地规划明确和隐性的教育模块，使两者有机地结合在一起。此外，课程思政并非可有可无的附加部分，而是教学的必需元素，其存在必须是经过深思熟虑和精心设计的。无论是明确的思政教育，还是专业课程中的明确思政模块，都需要付出必要的心血。因此，这种隐性的教育方式也对教师的专业素质和能力提出了更高的要求。

专业教师需要熟悉思想政治教育的特性、规则和讨论方式。为此，高校需对教师进行常态化的思政培训，以便他们深化对思想政治教育内容体系的理解，提升其思政素养，以及逐步培养他们的思政教育基础能力和素质，这样他们才能胜任思政教育工作。专业课程教师在设计思政教学时，需要具备丰富的心理学和教育学知识。他们要有研究学生的能力，能理解学生的知识构成、学习习惯、思考方式、人生观和价值观等，这样才能采用能被学生接受的教学方式进行思政教学。否则，如果教师的行为与教导不一致，学生可能会质疑其诚信，无法被教师的理念所影响。此外，教师需要精通教学艺术，能高效地设计课堂教学和思政环节，让思政元素无形中融入课堂教学中，能妥善运用启发式、探究式、讨论式的教学方式，有效进行思政教学工作，以激发学生的创新思维和科学探索精神。

（三）"思政课程"与"课程思政"协同育人

"课程思政"要求突破专业课程教学与思想政治教育的壁垒，把对两者的学习变为一个协调同步、互促互进的过程❶。思想政治课的教师与其他课程的教师共同承担课程思政与思想政治课的协同育人工作。他们要在教学内容、教学方法和教学评估等方面实现两者的有机结合，执行

❶ 吕宁.高校"思政课程"与"课程思政"协同育人的思路探析[J].大学教育，2018（1）：122-124.

全程的精准思政，推动思政课程的改革和课程思政的深化。

1. 要做好教学内容的融合

课程思政需要在各类课程和专业教学内容中挖掘出热爱党、热爱国家、热爱社会主义、热爱人民和热爱集体的元素和资源，使之与思政课程相融合；思政课教师通过参与课程思政的建设项目，深入理解各类课程的历史发展、时代特征及其内含的社会文化思想，然后在课堂教学中及时引入相关案例，阐明它们与中国特色社会主义、社会主义核心价值观、中华优秀传统文化的联系。

2. 要做好教学方法的互鉴和互利

思政课程通常直接应用显性思想政治教育方式来弘扬党的理论观点和马克思主义的立场、观点、方法，而课程思政更多地使用隐性思想政治教育方式以达到教学目标。思政课程与课程思政应在教学方式上取长补短，相互学习和借鉴，交流成功经验，持续优化自身的教学方法。

3. 要规范并统一评估标准

从课程建设的角度，所有课程都应根据课程教学规范建立评估标准；从思政育人的角度，所有课程都应建立符合"同向同行"要求的评估标准。课程思政与思政课程的有机结合是评估思政课程和课程思政建设成效的必要条件，也是判断课程思政建设效果好坏的重要依据。

二、着力加强科研育人

科研育人的价值在于塑造学生科学严谨的思维习惯和辩证的思考方式。科学是驱动人类社会进步的重要力量，各个学科的发展在不断拓宽人类的视野和思维方式。拥有对真理深深敬畏的科学精神，是当今高素质人才所必需的基本素质，也是推动科学研究顺利进行的动力来源，这正是高等学府育人工作的使命所在。教育者要充分认识科研育人的重要性，认清它在高校思想政治教育中特殊重要的地位和作用 ❶。

　　科研育人，意味着高校需要在严格的科学实践和潜移默化的教育过程中让大学生掌握基础知识和道德观念，它是帮助学生形成对真理的追求心态的关键因素。科研领域的许多突破都依赖于团队的协同作战和不懈努力，由此塑造的科学精神和科研道德对其中的大学生产生深远影响，能让他们对"真理""科学"充满敬畏。高校需要帮助大学生更为审慎和科学地看待世界，这一过程也会引发学生思维观念的相应变化，对他们的世界观、人生观和价值观的塑造也起到决定性的作用。管理部门和教师队伍是高校科研育人工作的主力军，他们的主要任务是推动科研机制的构建，建立起完善的科研育人体系。在这一体系下，需要确保各项规定的科学实施，使科研育人目标能够顺利实现，并在具体操作过程中完成对大学生的直接引导和教育。

　　对此，高校应从以下几个方面着力加强科研育人（见图6-2）。

强化学术诚信
制度的构建

强化创新平台及
团队的建设

完善科研管理
体制的设计

图6-2　新时代高校加强科研育人的主要措施

（一）完善科研管理体制的设计

　　高校要改革和优化科研环节与程序，确保在选题设计、科研立项、项目研究、成果应用的全过程中，都贯彻思想价值导向。同时，将思想政治表现设为组建科研团队的基础要求，这是非常重要的一环。为了更

---

❶ 刘建军.进一步重视科研在高校育人中的地位和作用 [J]. 中国高等教育，2015（6）：34-37.

好地推动学术进步和人才培养，高校需要营造教研体系、学研相济的良好环境，建立产教相融的产学研协同育人机制。这种机制应该倡导知识、技术和创新思维的交流，推动教育、研究与实践的无缝连接。科研评价标准和学术评价方法的完善也是重中之重。高校要创新学术评价体系，使其更加符合科研实际，更具科学性、公平性和激励性。同时，高校也要注重成果转化和应用，鼓励和支持师生把科研成果转化为实际生产力，以推动社会进步。

高校要在科研中引导师生树立正确的政治方向、价值取向和学术导向，培养他们至诚报国的理想追求、敢为人先的科学精神、开拓创新的进取意识和严谨求实的科研作风，提高教师和学生的科研水平，让师生的科研活动更好地服务于社会和国家的发展。

（二）强化创新平台及团队的建设

高校要积极推动科技创新平台的建设，为教师和学生提供一个科研交流和互动的空间，促进培养他们的科学精神和创新能力。通过这些创新平台，高校可以将最新的科技研究成果与教学相结合，让师生在探索未知的过程中提升自身的科研能力和创新思维。

高校应该实施科研创新团队的培育计划，引导师生积极参与科技创新团队的建设和科研创新训练，让他们及时掌握科技的前沿动态，强化他们的团队协作精神和共同攻关的能力。高校要有效协调校内外的教育资源，聘请优秀校友、校内各专业优秀教师以及企业专家担任科研项目的指导教师❶。高校应该鼓励师生积极参与团队科研，以共同解决科学问题，推动科技进步。高校还需要加大对学术名家和优秀学术团队先进事迹的宣传教育力度。他们的成功经验和精神风貌可以激励更多的师生投身科研创新，提升科研育人的质量和效果。同时，高校应大力发展教师

---

❶ 张亚光，曾丹旦."三全育人"视域下高校科研育人探究 [J]. 学校党建与思想教育，2021（1）：91-93.

团队，培育一批有广泛影响力的科研育人示范项目和示范团队。这些示范项目和示范团队的成功，可以为其他师生提供参考和借鉴，促进整体科研育人工作的提升。

（三）强化学术诚信制度的构建

高校应全面加强学术诚信制度建设，构建一个教育、预防、监督和惩处并重的学术诚信体系，对学术研究和科研成果的不良趋势进行有效的治理和遏制，以维护良好的学术环境。高校应进一步深化对学术道德和学风建设的宣传教育工作，使其渗透学生教育教学的每一个环节，这样可以从源头上减少学术不端行为的发生。在教育过程中，高校要引导师生尊重学术规范，恪守学术道德，坚守学术诚信，以此培养他们对科研工作的尊重和对真理的热爱。

高校应当鼓励师生树立良好的学术精神，提升他们的学术素养，让他们明白只有真实、公正、独立和创新的科研行为，才能推动科技进步和社会发展。同时，高校还要着重培养师生的自我约束能力和责任意识，使他们在面对学术诱惑时，始终能坚守科研的道德底线。对于那些违反学术诚信的行为，高校应该采取严肃的态度和严厉的措施进行查处，让师生明白任何形式的学术不端行为都会受到应有的惩处，以此形成强大的威慑力，保证学术活动的公正和公平。

三、扎实推动实践育人

实践活动不仅为大学生提供了一个运用所学知识的平台，也构成了他们与社会、与他人交流和融合的重要手段，从而推动他们的综合素质进一步提升。高校应在高校思想政治教育工作中充分重视社会实践对大学生思想觉悟的塑造作用，利用各种社会实践活动，让大学生有机会深入社会、直面问题。在亲身参与并解决问题的过程中，大学生会逐步形成积极健康的价值观和思想观念。借助于理论与实践的紧密结合，他们能够将抽象的理论知识具体化，并在理论与现实之间建立起直接的对应关系，从而实现理论在现实生活中的有机应用。高校可以通过组织各种实践活动，引导学生运用所学理论知识解决实际问题，借助科学知识揭示社会现象的内在本质和成因，从而让学生深刻体验到理论知识的实际价值（见图6-3）。

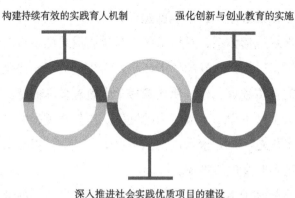

构建持续有效的实践育人机制　　　　强化创新与创业教育的实施

深入推进社会实践优质项目的建设

图6-3　新时代高校实施实践育人的主要策略

（一）构建持续有效的实践育人机制

高校要坚定地推进理论教育与实践教育的紧密结合，推动专业课程实践教学、社会实践活动、创新创业教育、志愿服务活动、军事训练等教育载体的有机结合，打造一个全面、协调的实践育人工作体系。高校要积极整合各类实践教育资源，携手政府、社会团体、企业等多元化的社会主体，共同打造一个协作互动的实践育人机制。高校要着力培育和建设一批以实践育人和创新创业为主题的示范基地，以进一步推动实践育人工作的深入开展，帮助学生更好地把理论知识转化为实践能力，从而在实践中提升自我，实现自我价值。

（二）深入推进社会实践优质项目的建设

高校应该充实实践活动的内容，创新实践活动的形式，广开社会调查、生产性劳动、社会公益活动、志愿服务、职位实习等社会实践活动的门路。高校需要深入地推动大学生暑期的"三下乡"活动以及"志愿服务西部计划"等实践项目的开展，组织和实施好以"牢记时代使命，书写人生华章"为主题的新时代社会实践优质项目。为了保证实践活动的顺利进行，高校还需要完善教师和学生的志愿服务评价认证以及保障机制，建立社会实践优质项目的支持制度，发挥实践教育的示范作用，从而更好地引导学生参与社会实践，锻炼能力，丰富经验，提升自我。

（三）强化创新与创业教育的实施

高校应以创新创业学院为依托，对创新创业教育的顶层设计以及体制机制进行全面完善。高校要致力健全创新创业的课程体系，打造一个包含课程学习、项目实践、创业孵化以及通过竞赛促进学习的大学生创新创业实践全流程服务平台。高校要努力推动专业教育与双创教育的深度融合，打破传统教育与双创教育的壁垒，构建新的教育模式，让学生在学习专业知识的同时，能培养创新精神和创业能力。

高校的育人目标应该是构建一个一体化的"双创"人才培养新模式，让更多的大学生能够在大学期间接触到创新和创业的知识，提高他们的创新意识和创业能力，为他们未来的发展奠定基础。

四、深入推进文化育人

文化育人的内涵主要在于引领大学生建立对自身国家和民族文化体系的深刻理解和坚定信仰，这对于他们参与社会生活并在其中取得成功至关重要。五千年来，中华民族的文明传统不仅赋予了我们丰富的艺术和文化底蕴，更深远地影响着华夏儿女的精神传统。

对于当代大学生来说，他们应对自身的文化有着深刻的理解，并在这个理解的基础上建立起坚定的文化自信，以继承和发扬中华民族的优秀传统。文化教育与大学生的社会主义核心价值观的培育密切相关，它强调优秀文化内容与社会发展需求的契合，同时注重传统文化、革命文化、社会主义先进文化之间的联系和整合。以文化育人的理念体现了文化传播的有效途径以及知行合一的基本原则，这有助于激发大学生的文化自觉和文化自信，实现价值观念与行动自觉的有机结合。以文化手段育人是教育本质及规律的具体体现，它视教育为文化的过程，注重知识的内化和升华，重视文化的整合和化成，强调通过知识升华和文化整合来健全人格，提升文化自觉，唤醒生命的创造力❶。因此，文化教育不仅是一个知识教育的过程，更是一个价值引领和精神塑造的过程，它对提升大学生的整体素质和社会文化水平都具有深远的影响。

（一）深化中华优秀传统文化的教育传播

高校应主动组织和实施多样化的文化建设活动，如对中华经典文献的研读、对中国传统节日的深入探讨以及对优秀民俗文化的传播等，以更好地推广和传承中华优秀传统文化。这些活动能丰富校园文化生活，激发师生对中华传统文化的兴趣和热爱。此外，高校应当致力培育和展示一批具有学校特色的体育艺术文化成果，以此展现其独特的教育理念和文化底蕴，为师生提供丰富多彩的文化学习和体验平台。建设一批文化传承基地也是推进中华优秀传统文化教育的重要方式，通过基地建设，可以实现对优秀传统文化的实践性教学和学术研究，进一步弘扬和传播中华优秀传统文化。此外，高校还需积极引导高雅艺术、非物质文化遗产、民族和民间优秀文化的普及和传播，让它们走近师生，使师生能够在直观的体验中感受到中华文化的魅力和内涵，进一步增强文化自信，树立正确的文化价值观。

---

❶ 郝桂荣. 高校文化育人研究 [D]. 沈阳：辽宁大学，2017.

（二）深化革命文化的教育普及

高校应深度挖掘并阐释革命文化的教育内涵，让学生更深入地理解革命精神的重要价值。例如，举办红色文化主题教育，让革命历史在学生中流传，并激发他们的爱国热情。同时，高校可以通过组织编写和演出一系列能反映革命故事、革命精神、革命文化的舞台剧、歌舞音乐及网络作品，让革命文化以更生动、多元的方式呈现在学生面前，从而更深入地理解和感受到革命文化的内涵和精神。此外，高校可以利用国家或地方重大的纪念日以及重要的文化基础设施，如革命历史博物馆、纪念馆等，进行主题活动或者讲座，对革命文化进行系统深入的教育和传播。这样不仅可以让学生了解革命历史，感受革命先辈的英勇斗志，也能够让他们明白我们现在的幸福生活来之不易，从而更加珍视和感恩现在的生活。

（三）大力繁荣校园文化

高校需要系统地进行校园文化建设规划，明确目标和路径，以便更好地实现育人的目标。高校需要弘扬以"诚朴勤仁"为核心的精神，深度把握校园文化的生命线，着力培养学生正确的价值观。高校需要充分挖掘校园历史、风气、校训和校歌等的教育潜力，并以此为基础，创新校园文化品牌，使其既具有独特性又符合正确的价值观。高校要支持教师和学生以"中国故事"为主题，创作各类文艺作品，提升校园文化水平，并培育出一批优秀的校园文化建设成果。

高校应致力建设美丽的校园环境，打造优秀的人文景观和自然景观，推动山、水、园、林、路、馆的建设，实现使用、审美、教育功能的和谐统一。高校要以文化为引导，滋养师生的心灵，涵育师生的品行，引领社会风尚，使校园成为文明、和谐、美丽的象征。

五、创新推动网络育人

在现今的社会环境中，网络化已经渗透我们的生活，成为一种常态。这种趋势对大学生的思想观念产生了深远影响，同时给高校的思想政治教育工作带来了挑战和压力。考虑到网络在高校思想政治工作中的重要作用，党和国家加强了对网络育人工作的督导和推动。这一行动表现在发布的如《高校思想政治工作质量提升工程实施纲要》《关于加强和改进新形势下高校思想政治工作的意见》等指导性文件中，这些文件为高校在互联网环境下进行思想政治工作提供了明确的指引。

网络育人，是适应新形势的必然选择，是高校思想政治教育的现代化表现。思想政治教育应该积极适应现代大学生的需求，包括获取信息的需求，自我学习和发展的需求。教育工作要人本化，符合学生的内心诉求，以便在新的社会环境中更好地进行。

为实现"网络育人"的目标，高校需要从以下几个方面入手（见图6-4）。

图6-4 新时代高校实施"网络育人"的主要路径

（一）建设良好的高校网络教育环境

随着网络技术深入人心，网络已经深深地渗透学生的日常生活。虽然高校对网络教育在人才培养方面的重要性有了普遍的认知，但是现阶段许多高校，尤其是教师在网络教育的内容和方式上缺乏深度理解和明确掌握，他们往往只是将传统的思想政治教育内容"搬到"网络空间，期望这样就可以达到教育目标。实践证明，这种方法的效果并不如预期。实际上，随着网络空间思想和行为的日渐丰富，高校的网络教育实践应从"网络"角度出发，而非仅仅基于传统的教育思想和行为。这需要高校尝试构建一批在青年大学生群体中有影响力的新媒体平台，推出一系列原创的新媒体产品，以此初步构建高校网络新媒体传播体系。在此背景下，高校应积极引导大学生接触更多关于社会、国家以及个人发展的积极信息。同时，我们应鼓励学生在网络空间中自由发言，分享自己的见解和心得，以此在优良的网络环境中不断提高高校网络教育的效能。

（二）将教育内容与网络工具相结合

网络作为一种"工具"，只有在其被充分利用时，才能在教育过程中扮演主导角色。高校网络教育应深刻理解网络的内在本质，借助其技术优势，来补齐思想政治教育在虚拟世界中的短板，激励更多教育者利用网络进行有效的教育活动。课堂是大学育人的基础阵地，要着力推动网络素养教育进课堂，将其作为当代大学生思想政治教育的重要组成部分，放在与专业教育、通识教育相对等的位置加以考量❶。例如，教师可以创作吸引人的、充满幽默感的短视频或微博文案，以此引起大学生的注意，达到"寓教于乐"的教育效果。同时，高校需借助丰富多样的网

---

❶ 蒋广学，张勇，徐鹏. 高校网络育人工作的系统思考与实践探索 [J]. 思想理论教育导刊，2014（3）：119–123.

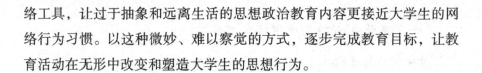

络工具，让过于抽象和远离生活的思想政治教育内容更接近大学生的网络行为习惯。以这种微妙、难以察觉的方式，逐步完成教育目标，让教育活动在无形中改变和塑造大学生的思想行为。

（三）加强法治意识的培养

从道德和法治的视角，强化对网络行为的约束，使大学生明白网络并非法律的空白区域，这是网络育人所面临的现实环境。作为国家的公民，特别是高素质、高学历人群的代表，大学生更应该在网络活动中持有谨慎的态度。

高校应积极引导学生学习和实践社会主义核心价值观，同时，需要向学生传授规范和责任的理念，使大学生能够理解到他们需要为自己的言行负责，这其中既包括对社会的责任，也包括对网络行为的责任。作为高校教育系统中的重要组成部分，网络育人不仅需要向大学生提供正向的信息，更需要设立"虚拟"的道德和法治规范，使大学生在网络中建立起对底线的认识，能够在实际网络活动中明辨是非，遵守道德底线。在高校网络育人中，言论责任是大学生思想政治教育的关键内容。大学生必须在虚拟世界中清晰地认识到自身所承担的社会责任，他们需要通过思辨来发表言论，而不是单纯地凭借个人的喜好进行无理的自责、批评或攻击。

网络教育的核心是"教育以理"和"教育以责"。高校需要塑造大学生良好的网络价值观，利用网络环境帮助大学生形成明辨是非的能力，并为自身的言论负责。

六、大力促进心理育人

心理育人，要求实现教育与道德修养的紧密结合，进一步构建包括教学、实践活动、咨询服务、预防性干预和平台保障在内的"五位一体"的心理健康教育工作体系。心理引导是构成高等教育思想政治工作的重要组成元素。

对于高校的心理健康教育来说，提升大学生的心理素质是其关键点，培养大学生优秀的心理素质，提高他们的抗压能力和心理韧性，是高校建立新型心理育人格局的重要保证。实行心理教育是从大学生的心理、生理和精神各方面综合考虑的产物，心理育人肩负着塑造大学生全面人格的重大使命和责任。拥有良好的心理素质，能够帮助大学生更好地融入社会，并充分展现他们作为新一代接班人的价值。

（一）构建完善的心理健康教育体系

高校要强化心理健康知识教育，完善心理健康教育的课程设置，增强教材的实用性和前瞻性，同时，开发在线课程以满足学生自主学习的需求。高校要进一步健全团体辅导的特色工作机制，确保心理健康知识教育能够覆盖到所有学生。高校可以举办各种形式的宣传活动，如心理健康日、心理健康知识宣传普及活动等，充分利用各类媒体工具，创造一个良好的心理健康教育环境，从而提升教职工和学生的心理保健技能和意识。高校要强化心理咨询服务，制定专职与兼职心理咨询师轮流值班制度，提升咨询服务的专业性和系统性，从而提高整体的心理健康教育咨询和服务质量。高校要持续对心理健康教育专业的教师队伍进行优化和强化，以确保具备专业知识和技能的教师能够有效地推动心理健康教育工作的发展。高校应加强对学生心理社团和学生心理委员的培训与指导工作，激发他们的积极性和主动性，帮助他们提升心理健康教育和服务的能力。

（二）强化心理预防干预系统的建设

高校应提升大学生心理健康素质的评估水平，并构建完备的在校学生心理健康档案，完善包括学校、院系、班级和宿舍在内的"四级"预警防控系统，完善心理危机干预的预案，设立转诊治疗机制，从而提升心理危机的干预和应急处理能力，增强工作的前瞻性和针对性。

高校要完善心理育人工作保障机制，确保每个学生的经费投入，以及心理咨询和辅导专用场地的面积，建立校内外心理健康教育素质提升培训基地，培育和构建"高校心理健康教育示范中心"。高校还应加强学生身体健康的干预系统建设，形成一个联动机制，完善干预系统，强化干预手段。

七、切实强化管理育人

管理育人是通过高校的管理方式来进行人才培养。在管理育人实践过程中，高校应使大学生了解生活规范的重要性，并认识到遵守规范是一种公民责任。个人的违规行为不仅会导致个人的损失，而且会对集体和他人的利益造成伤害。因此，管理育人从这个角度出发，通过规范引导，教育大学生明确自身的权利和义务，了解自身的责任和社会底线。在管理育人过程中，教师与学生建立的人际关系为学生提供了社会化的初步经验。学生逐渐形成了对他人、学校、社会和政府的基本认识和观点，这会对他们产生深远而持久的影响。管理育人所强调的规范意识，可以在高校环境中对学生产生积极的影响，如坚持学习纪律，遵守生活道德规范，这无疑可以培养大学生的公共意识，使他们明确自己即将成为社会的一员，理解到自己必须遵守国家法律和社会道德规范。

（一）完善依法治校及管理育人的制度体系

高校应制定详尽而健全的学校教育规章制度，以确保教职员工及学生的合法权益得到充分保障。结合校章、校规校纪、自律公约等的修订与完善，高校需要建立一个全面的、依法治校的工作框架和保障机制，研究和梳理各管理岗位中的育人因素，编制岗位职责说明书，明确管理育人的具体内容和途径。同时，高校需要丰富和完善不同岗位、不同群体的公约体系，引导教师和学生培养自律意识，强化自我管理。高校还应完善党委统一领导、党政联手共管、院系负责具体实施、教师自我约束的师德师风建设体制机制。通过这种制度，高校能够保证在高等教育机构的治理中，各个级别的领导、管理人员和教师都能充分发挥其育人功能，同时确保教育管理的合规性和有效性。

（二）健全管理评估和考核系统

高校应重视领导干部队伍的管理，选拔和配备各级优秀的领导干部和领导团队。研究制订出细致的干部培训计划，从而提升所有管理干部的教育能力。加大对教师队伍的管理力度，严格执行教师招聘、人才引进的政治考核和教学考核环节，依法依规严查各种违反师德和学术不端的行为，及时纠正出现的不良趋势和问题。对经费的使用进行严格管理，科学制定经费预算，确保教育资金的投入能够满足教育目标的需求。将教育功能的发挥纳入管理职位的考核评价体系，作为评定优秀的依据。培养一批"管理教育示范岗"，引导管理干部用其良好的管理行为和作风去影响和教育学生。

八、不断深化服务育人

服务育人，就是在照顾、援助和为他人服务的过程中对他们进行教育和引导。这种育人方式重视生活实践和人文元素，认为环境对人的塑造作用非常重要。在高校中，服务育人主张以学生为核心，通过执行各种活动和工作来促进学生的全面成长。这不仅满足学生的日常需求，也有助于他们的心理、社会和学术发展，使他们更好地适应社会和实现自我价值。

（一）设定清晰的服务目标和责任

高校需要坚定服务育人的理念，系统地研究和解析各种服务岗位所具备的育人功能，明确它们在育人中的职责。在职位的聘用、员工的培

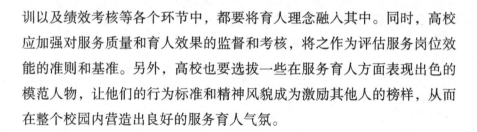

训以及绩效考核等各个环节中，都要将育人理念融入其中。同时，高校应加强对服务质量和育人效果的监督和考核，将之作为评估服务岗位效能的准则和基准。另外，高校也要选拔一些在服务育人方面表现出色的模范人物，让他们的行为标准和精神风貌成为激励其他人的榜样，从而在整个校园内营造出良好的服务育人气氛。

（二）构建一流的服务育人体系

高校对"一流服务"的认识需得到深化，尤其要推动后勤保障服务、图书资料服务、医疗卫生服务，以及安全保卫服务等领域的育人体系建设。其中，关键在于提升工作人员的专业素质和能力，从而实际提高服务保障的水平和在服务中育人的能力。高校也要增强服务供给能力，完善校园内的服务设施和设备，以及综合信息服务系统，以便能更好地满足教职员工和学生在学习、生活、工作中的各种合理需求。最终，高校要在关心他人、帮助他人、服务他人的过程中实施教育和引导，以此塑造人们的价值观念和行为习惯。

九、全面推进资助育人

资助育人的理念是将"扶贫""扶智"和"扶志"有机地融合在一起，构建一个由国家资助、学校奖助、社会捐助和学生自助四个部分相互支持、共同发展的全面资助体系。高校在实践中需要清楚地认识到，大学生面临的"贫困"问题的成因是复杂多元的，解决这些问题并不是一蹴而就的事情，需要采用更为科学和细致的方法。这包括在一定程度上对大学生进行资助，帮助他们解决在学习和生活中遇到的实际困难。

同时，高校也要着重进行"扶志"，这主要是通过精神激励的方式，来增强学生的心理韧性和积极性，帮助他们解决因为生活压力、学习困境等所引发的"思想困扰"。这样，不仅可以减轻他们的物质压力，还可以引导他们树立正确的价值观，培养他们积极向上的人生态度，使他

们在克服困难的过程中成长为更有社会责任感和人格魅力的人。

（一）构建完善的资助工作体系

为了提升资助工作的效果，高校应该加强对该项工作的顶层设计，进一步完善和细化各类资助管理制度，以构建一个包含资助对象识别、资助标准设定、资金分配策略以及资金发放流程等各环节协同运作的精细化资助工作框架。对于家庭经济困难的学生，应进一步优化他们的认定体系，健全从学校到院系、班级乃至个人的四级资助认定工作机制。通过采用包括家访、大数据分析以及面谈等多种方式，合理确定认定标准，确保每一个真正有需要的学生都能被精确地识别出来。同时，高校需要建立家庭经济困难学生档案，并实行动态管理，以实时掌握他们的具体情况，为提供更为精准的资助提供有力的支持。

（二）坚持资助育人导向

高校要坚持将"扶困""扶智"及"扶志"进行有机结合，创新并丰富资助育人的方式，进一步优化和完善发展型资助育人模式。高校要构建一个将物质援助、道德教育、能力拓展及精神鼓舞有效融合的资助育人长效机制。同时，高校要实现无偿资助和有偿资助，显性资助和隐性资助的有机整合，形成从"解困"到"育人成才"再到"回馈社会"的良性循环模式。这样的模式可以有助于培养出自立自强、诚实守信、感恩社会、勇于担当的优秀学生。高校要积极寻找并展示资助育人的优秀案例和杰出人物，用他们的故事激励更多的学生。同时，高校要加强对资助类社团的指导，培养并弘扬这些社团的品牌特色和活动，让更多的人感受到资助育人的力量和价值。

十、积极优化组织育人

组织育人，是通过组织活动的实施创造出育人的机会，并通过这些活动产生育人的效果。组织育人的目的不仅是使育人过程有条不紊，更重要的是让大学生具备组织意识和协作能力，从而培养他们适应组织和社会发展的思维方式。在高校中存在着诸如党派组织、群众组织和学生组织等各式各样的团体。这些团体承载着各自不同的育人职责，自然也应对思想政治教育工作有所承担。如果各级组织能够有意识地发挥自身在思想政治育人方面的作用，就能推动大学生的全面发展，这不仅对组织自身的发展有益，也有助于提升个体的组织意识和思想意识。高校在开展组织育人活动时，通常是以党团组织作为基础和框架，对群众组织和学生组织进行科学的引导和管理，进而发挥组织在育人工作中的功能。

（一）充分发挥各级党组织在育人工作中的保障功能

高校需要充分挖掘党委领导的核心作用、一级党组织的政治核心作用以及基层党支部的战斗堡垒作用，进一步加强其在育人工作中的职责，推动各级党组织主动肩负起全面严肃党纪、治校办学、育人育才的主要责任。为了更好地发挥基层党组织的作用，高校应进一步推动基层党组织书记执行党建工作述职评议考核，培育教师党支部书记成为"双带头人"，并启动基层党组织的"对标争先"建设计划。同时，要积极选拔出优秀的基层党组织、杰出的党员以及卓越的党务工作者，为其他人员树立楷模。除此之外，高校还可以创造在线党建园地，这样一来，可以方便大家查阅党的建设的优秀案例，也能让大家更深入地了解党的建设工作，从而提升党的凝聚力和战斗力。

（二）充分挖掘群团组织在育人工作中的纽带作用

高校需要深入推进群团改革，准确把握群团组织的政治准则、基本任务和独特特征，鼓励各类群团组织如工会、共青团、学生会等创新其组织动员和引领教育的方式和形式。这些群团组织要更好地代表教师和学生的利益，团结全体师生，为师生提供更优质的服务。群团组织还应支持各类师生社团开展主题鲜明、健康向上、丰富多彩的活动，充分发挥教研室、学术梯队、班级、宿舍在师生成长过程中的凝聚力、引导力和服务力。这不仅能提高学生的综合素质，也能增强学生的团队协作能力和社会责任感。同时，高校要积极培养和选拔优秀的班集体、文明社团和文明宿舍，以此作为学生进行集体活动、培养团队精神和提升社会责任感的重要平台。通过这些活动，可以进一步提升学生的社会实践能力和团队协作精神，培育他们的社会责任感和集体荣誉感。

第三节　加强评价体系建设，提升全方位育人效果

评估和考核是对"三全育人"模式进行客观审查、监督和推动的重要手段。任何育人策略都不能独立于评估和考核的环节自我进步。要确保在新时代的高等教育中"三全育人"策略得以高效执行，就必须强化并优化现行的育人评估和考核体系。另外，相关的政策和法规也已明确提出，高校必须建立与其育人策略相匹配的评估和考核体系，以确保育人工作的有序性和有效性。作为高校育人工作的一个重要环节，"三全育人"模式也需要一个精细化的评估和考核体系作为支撑。这不仅能帮助育人主体发现并解决思想政治教育和"三全育人"实践中可能存在的问题，还能督促他们制定和执行相应的问题解决方案，解决育人过程中出现的各种问题。从当前"三全育人"策略的实际运行情况来看，高校应构建一套科学的"三全育人"评估系统，并结合"三全育人"的效果以及十大育人效果等因素进行综合评估和考核。聚焦学生获得感和认同感，完善评教、评管、评服务的"三评"体系，扩大评价覆盖面，提升评价针对性、时效性、有效性，逐步构建全员

育人主体的科学评价体系 ❶。

评价体系是对学生的学习、思想、行为和素质等多方面进行全面、系统性的评估，它不仅关注学生的学业成绩，更重视学生的综合素质和个性发展。加强评价体系的建设意味着高校需要构建一种包含各个方面的综合性评价体系。这种评价体系应当强调过程和结果的结合，关注学生的个性发展，以及他们的社会实践能力、创新精神、道德品质和人文素养等各方面的成长。构建这种评价体系可以帮助教育者更全面地了解和评估学生的发展，从而提供更为精准的教育指导。同时，可以帮助学生了解自己的长处和短处，提升自我认知，从而指导他们进行有效的学习和个人发展。此外，完善的评价体系还能鼓励学生从多个角度和维度去思考和学习，挖掘他们的潜力，提高他们的综合素质和竞争力，以适应社会的需要。因此，加强评价体系的建设是提升全方位育人效果的有效途径。通过评价体系的构建和完善，高校可以更为全面和深入地培养学生，实现育人工作的目标。

一、明确考评目标和内容

高校应明确"三全育人"策略的评估目标，这个目标应根据评估对象和内容确定，并以"育人"为最基本的出发点和前提。"立德树人"是高等教育思想政治教育的最终目标，而"三全育人"目标是实现教育过程的连贯性和一体化。因此，"三全育人"策略的评估目标应该是客观地反映育人过程的连贯性和一体化效果。在评估过程中，高校必须引入与评估目标相对应的评估内容，如大学生的道德教育成果和"三全育人"策略的实施效果等。同时，高校应在评估目标的基础上，把大学生的行为表现、心理状态和思想认知等因素纳入评估内容，关注十大育人效果。

---

❶ 邓国彬.新时代高校"三全育人"格局体系构建[J].社会科学家，2020（3）：141-145.

另外，要让"育人"成为评估行为的导向，并把教育者和受教者这两个评估层面结合起来。例如，高校可以从受教者的表现和教育者的工作内容等角度细化评估内容。高校需要建立一个包括学生和教育主体的多角度评估体系，并以道德教育标准为衡量标准，并将与"三全育人"和"立德树人"相关的内容纳入评估内容中。

二、注重考核评价的客观公正

在完善考核评价机制的过程中，高校需要强调公正和客观性原则。对"三全育人"的评估不仅是育人效果的检验，也是对高校育人质量和育人成果的衡量，通过评估方法来揭示并反映高校"三全育人"的实际效果。因此，"三全育人"的考核评价应当立足于公正和客观性原则，并在思想政治教育和"三全育人"实践中贯彻这一原则，以确保评估结果的全面性和客观性，真实展示"十大育人体系"的成果，揭示育人过程中存在的问题，为高校和所有育人主体在思考和行为调整及改进过程中提供参考信息，从而推动"三全育人"工作的进一步完善，并促进大学生的全面发展。在评估方法上，高校应坚持将形成性评价和总结性评价相结合，全面评价与重点评价相结合，以及他评与自评相结合，并在制度层面明确规定科学的评估方法，以确保将"三全育人"的考核评价工作落到实处。

三、构建多元化的评价机制

构建多元化的评价机制，是提升全方位育人效果的重要措施。在实际育人工作中，高校需要充分考虑到学生的个体差异，不仅对学术成绩进行评价，也要关注学生的品格教育、社会实践能力、创新精神等方面的发展。此外，评价方式也应当多样化，如笔试、口试、实践操作、项目评价等，以更全面、更深入的方式对学生的学习和发展进行评价。这样的多元化评价机制有助于更好地发现和挖掘学生的潜力，同时能促进教育教学方式的创新和完善，提升全方位育人效果。

传统的评价方式通常以学生的学术成绩为主，这种方式虽然方便操作，但却难以全面反映学生的综合素质和能力。因此，构建多元化的评价机制，将成为提升育人效果的必要步骤。多元化的评价机制考虑的范围要更为广泛，不仅包括学生的学术成绩，也包括他们在品格教育、社会实践、创新精神等方面的表现。在这个过程中，学生的个体差异将得到充分的尊重和重视，每一位学生都有机会在自己擅长和感兴趣的领域得到发展和提升。更为重要的是，多元化的评价机制还可以促进教育教学方式的创新和完善。当我们注意到学生在某个方面的特长或潜力时，就会更倾向于开展相应的教学活动，以帮助学生更好地发展自己的潜能。这样，教学活动不再是单一的知识传递，而是真正的教育过程，帮助学生全面发展，提升他们的综合素质。

在我国高等教育的发展历程中，思想政治教育一直是高校培养高质量社会主义新一代的关键路径。在新的历史时期，为了努力实现中华民族的伟大复兴，党和国家需要大量拥有优秀思维认知、深刻价值观念和高尚品格的人才。这也是高校组织和执行育人工作的核心动因和目标。新时代高校的主要育人模式是"三全育人"，高校需要依靠"三全育人"的实践来丰富育人的内容，创新育人的方式，优化育人的环境，从而构建一个强大的育人生态环境。

高校实行"三全育人"的行动是"两个大局"赋予高等教育新的重要任务，意识形态安全对高等教育发展的新要求，新一轮科技革命对高等教育发展的迫切性，以及高等教育在塑造文化自信中承担的新责任四个因素的综合考量。新时代高校"三全育人"的主要理论依据是马克思主义理论和马克思主义中国化理论，其中，马克思主义理论的依据主要包括人的本质理论、人的自由全面发展理论、系统论与协同论，马克思主义中国化理论的依据主要包括培养有社会主义觉悟的文化劳动者思想，培养具有理想、道德、文化、纪律的社会主义新人思想，培养能担当民族复兴大任的时代新人思想。除有理论实践的引导外，新时代高校"三全育人"育人模式的实践也具有显著的现实意义，这主要表现在"三全育人"是育人的"生命线"，能引领"思政"格局的转变，实现高校的"内涵式发展"，并实现"培养合格接班人"的总体目标。

"三全育人"是一个庞大而复杂的育人体系。在推动这一体系的实践过程中，高校肯定会面临诸多挑战和困难。通过持续更新理念和方法，高校能够在"三全育人"的理论研究和实践探索中实现动态调整和完善。这将最终塑造出一个符合时代需求和教书育人实践的"三全育人"模式，更好地满足育人的需要。

参考文献

[1] 吴坤埔，彭杨．高校三全育人开展路径探索与创新 [M]．西安：西北工业大学出版社，2022.

[2] 袁东升，张成，蒋晓敏．高校三全育人体系的创新发展研究 [M]．西安：西北工业大学出版社，2022.

[3] 苏基协．新时代高校"三全育人"理论与实践创新研究 [M]．西安：西北工业大学出版社，2022.

[4] 杨道建．新时代高校三全育人理论与实践 [M]．镇江：江苏大学出版社，2021.

[5] 付瑞红．高校"三全育人"教育体系评估及实践探索 [M]．秦皇岛：燕山大学出版社，2021.

[6] 杨晓慧．高等教育"三全育人"：理论意蕴、现实难题与实践路径 [J]．中国高等教育，2018（18）：4-8.

[7] 李凡．新时代下高校教育管理"三全育人"体制机制改革 [J]．教育教学论坛，2023（18）：41-44.

[8] 温广宇，宋宏博．新时代高校"三全育人"综合改革实践路径探究 [J]．哈尔滨学院学报，2023，44（3）：126-129.

[9] 黄炳成，高鸿杰，冯小滢．"三全育人"视角下高校辅导员的角色定位及履职路径分析 [J]．高校后勤研究，2023（3）：67-69.

[10] 黄悦华，薛田良．"课程思政"的跨界协同"三全育人"体系探析 [J]．三峡大学学报（人文社会科学版），2021，43（2）：81-84，93.

[11] 张亚光，曾丹旦."三全育人"视域下高校科研育人探究[J].学校党建与思想教育，2021（1）：91-93.

[12] 王志建，张枫.高校"三全育人"体系的构建[J].齐齐哈尔大学学报（哲学社会科学版），2020（11）：143-146，158.

[13] 陶辉.新时代高校"三全育人"的实现路径和保障机制研究[J].广西教育学院学报，2020（5）：120-124.

[14] 谷月."三全育人"理念下大学生就业教育优化策略[J].现代交际，2020（16）：176-177.

[15] 鄢显俊.优化高校"三全育人"协同创新机制[J].中国高等教育，2020（10）：7-8.

[16] 梁伟，马俊，梅旭成.高校"三全育人"理念的内涵与实践[J].学校党建与思想教育，2020（4）：36-38.

[17] 张睿.协同论视域下高校"三全育人"实施的机理与路径[J].思想理论教育，2020（1）：101-106.

[18] 司丽娜，孟牒."三全育人"视域中高校思政教育工作探析[J].现代交际，2019（23）：7-8.

[19] 吴先超."三全育人"视阈下大学生心理健康教育模式创新研究[J].学校党建与思想教育，2019（18）：81-83.

[20] 王艳平.高校"三全育人"的特征及其实施路径[J].思想理论教育，2019（9）：103-106.

[21] 白玲.新形势下高校"三全育人"机制构建及路径优化[J].黄冈职业技术学院学报，2019，21（4）：38-43.

[22] 阮一帆，徐欢.高校科研育人探析[J].思想理论教育导刊，2019（8）：152-155.

[23] 陈文婷.高校"三全育人"的协同路径[J].高校辅导员，2019（4）：45-48.

[24] 何少群，程东海.高校思想政治工作"三全育人"模式研究[J].教育理

论与实践，2019，39（21）：56-58.

[25] 叶佳.新时代高校"三全育人"的工作机制研究 [J].高教学刊，2019(15)：46-48.

[26] 陈虹.新时代高校心理育人内涵、困境与应对 [J].思想理论教育导刊，2019（7）：110-113.

[27] 周熙，刘琛，瞿明丽.基于"三全育人"思想的大学生就业指导工作体系建设研究 [J].中国大学生就业，2019（12）：44-48.

[28] 冯刚，张芳.新时代高校文化育人的理论与实践探析 [J].湖北社会科学，2019（5）：176-183.

[29] 严帅，任雅才.新时代高校学生组织育人的功能内涵与实施路径 [J].学校党建与思想教育，2019（9）：32-35.

[30] 武娜娜，蔡金杰.新时代高校思想政治三全育人模式研究 [J].湖北开放职业学院学报，2019，32（8）：106-107，113.

[31] 张楗，田小凤.三全育人背景下"课程思政"实践路径对策研究 [J].教育现代化，2019，6（30）：48-49.

[32] 陈思，李本祥.新时期高校资助工作"三全育人"切入路径探析 [J].巢湖学院学报，2019，21（1）：153-158.

[33] 张红霞.论大学生志愿服务的育人功能及其实现路径 [J].思想理论教育导刊，2019（1）：152-156.

[34] 马亮，顾晓英，李伟.协同育人视角下专业教师开展课程思政建设的实践与思考 [J].黑龙江高教研究，2019，37（1）：125-128.

[35] 武贵龙.三全育人：高校落实立德树人根本任务的有效路径 [J].北京教育（高教），2018（12）：10-12.

[36] 曹锡康.高校组织育人：现状考察与机制构建 [J].思想理论教育，2018（11）：91-95.

[37] 杨晓慧.高等教育"三全育人"：理论意蕴、现实难题与实践路径 [J].中国高等教育，2018（18）：4-8.

[38] 马建青，杨肖 . 心理育人的内涵、功能与实施 [J]. 思想理论教育，2018（9）：87-90.

[39] 黄燕 . 高校网络文化的育人功能及其实现路径探析 [J]. 思想理论教育，2018（9）：82-86.

[40] 陈荣武 . 高校组织育人协同体系建构及其功能实现 [J]. 思想理论教育，2018（3）：95-99.

[41] 郭芳 ."三全育人"模式下高校思想政治教育工作的开展 [J]. 西部素质教育，2017，3（20）：19-20.

[42] 刘建军 . 论高校思想政治工作的育人格局 [J]. 思想理论教育，2017（3）：15-20.

[43] 刘建军 . 进一步重视科研在高校育人中的地位和作用 [J]. 中国高等教育，2015（6）：34-37.

[44] 蒋广学，张勇，徐鹏 . 高校网络育人工作的系统思考与实践探索 [J]. 思想理论教育导刊，2014（3）：119-123.

[45] 刘健，于静，钟媛，等 . 大学生思想政治工作"三全育人"体系探索 [J]. 山西青年管理干部学院学报，2013，26（2）：31-34.

[46] 熊晓梅 . 文化自觉自信：高校思想政治教育的新向度 [J]. 中国高等教育，2012（18）：27-28.

[47] 申纪云 . 高校实践育人的深度思考 [J]. 中国高等教育，2012（Z2）：11-14.

[48] 赵建华 . 关于加强高校管理育人工作的几点思考 [J]. 思想理论教育导刊，2011（2）：103-105.

[49] 韩延明 . 强化大学文化育人功能 [J]. 教育研究，2009，30（4）：89-93.

[50] 蒋志勇 . 浅析高校第二课堂的育人功能及其管理 [J]. 教育与职业，2008（23）：62-63.

[51] 于天奇 . 立德树人视阈下高校"三全育人"的创新路径研究 [D]. 石家庄：河北科技大学，2019.

[52] 顾鑫.高校"三全育人"资助育人模式及其运行机制研究 [D]. 长春：东北师范大学，2016.

[53] 吴广庆.思想政治教育的文化融入研究 [D]. 北京：中共中央党校，2013.

[54] 姜雪.高校"三全育人"：内涵、路径与机制研究 [D]. 石家庄：河北师范大学，2021.

[55] 陈雨.新时代高校"三全育人"的实现路径研究 [D]. 哈尔滨：黑龙江大学，2020.

[56] 杨萍.高校"三全育人共同体"的价值追求及其实现路径研究 [D]. 武汉：华中师范大学，2019.